JESUS TE AMA, AME-O DE VOLTA

JESUS TE AMA, AME-O DE VOLTA
MICHAEL HIGGINS

Publicado por Michael Higgins
Biblioteca do Congresso
Dados Internacionais de Catalogação na Publicação
COPYRIGHT © 2024 Michael Higgins
ISBN: 979-8-218-45550-7

Todos os direitos reservados. Nenhuma parte deste livro pode ser utilizada ou reproduzida - em qualquer meio ou forma, seja eletrônico ou mecânico, por fotocópia, gravação etc. - nem apropriada ou estocada em sistemas de bancos de dados sem a permissão escrita do autor. Dirija todas as perguntas ao autor.

Todas as citações do Evangelho foram retiradas da Bíblia Sagrada, Nova Versão International (NIV) © 1973, 1978, 1984 da Sociedade Bíblica Internacional.

Produzido nos Estados Unidos da América.

SUMÁRIO

PREFÁCIO...6

PRIMEIRA PARTE: MINHA VIDA ANTES DA COCAÍNA - 7

Crescendo na Philadelphia...
Shows Antigos...
Semana dos Recém Graduados...
A Viagem para a California...
O Telefonema...
California, la vou eu voltando...

SEGUNDA PARTE: MINHA VIDA DURANTE A COCAÍNA - 35

Alguém que foi enganado...
Voltando para Philadelphia novamente...
Meu novo trabalho...
Hora de casar...
Tempo de convulsão...
O nascimento do nosso primeiro filho...
Esgotado com o setor de restaurantes...
Tempo de convulsão de novo...
Sem fé...

TERCEIRA PARTE: MINHA VIDA APÓS A COCAÍNA - 66

Meu momento de aleluia...

A fé do tamanho de um grão de mostarda...
Mudando para Florida...
Se não tens a Bíblia, leve uma com você...
Mateus 25:31-46—O Julgamento Final...
Um passo a frente, dois atrás...
Tudo que eu quero fazer é Servir...
Meu novo ponto alto...
Sacrifícios agradáveis para Deus...
Meu ambiente de trabalho...
Ame-o de volta...
Restaurando o que os gafanhotos comeram...
Conselho Administrativo e o 501C3!...
Ah, alimentar nas Segundas à noite! Eu estava com fome e me deste o que comer (MATEUS 25:35)...
Alimentando as mulheres nas avenidas...
Hora do Lava Pés! - (MATEUS 25:36a)...
Tempo do Ministério Carcerário - (MATEUS 25:36b)...
Momento de Batizar em Nome de Jesus...

QUARTA PARTE: HORA DE EXPANDIR NOSSO TERRITÓRIO - 111

Brasil...
Hora de alimentar nas Ruas da Philadelphia...
Pescar homens na Florida...
Jacksonville, aqui vamos no nome de Jesus...
Tampa, aqui vamos no nome de Jesus...
Daytona Beach, aqui vamos no nome de Jesus...
São Petersburgo e Miami, aqui vamos no nome de Jesus...
Jesus te ama, Ame-o de Volta no Mexico...

Jesus te ama, Ame-o de Volta em Nova Orleans...
Jesus te ama, Ame-o de Volta em Chicago...
Jesus te ama, Ame-o de Volta em Las Vegas and Los Angeles...
Jesus te ama, Ame-o de Volta em Nashville...
Jesus te ama, Ame-o de Volta nas Filipinas...
O amor é contagioso...

QUINTA PARTE: COISAS QUE APRENDI NO CAMINHO - 153

Nem tudo é um mar de rosas... Perdão...
Irmãos e Irmãs Verdadeiros...
Shows Cristãos...
Meu Rolex...
Salvo não pelas obras, mas para elas... Tudo é sobre a Cruz...

EPÍLOGO - 180

Tudo que eu sei é...

PREFÁCIO

Meu nome é Michael Higgins. Nasci e cresci na Filadélfia, Pensilvânia, Estados Unidos. Não tenho formação universitária, o que significa que não há letras ou títulos sofisticados antes ou depois do meu nome. A verdade é que mal me formei no ensino médio. E certamente não me considero um escritor.

Porém, eu tenho um testemunho poderoso para compartilhar de como Jesus Cristo me resgatou de uma vida cheia de dependência de drogas, pornografia e de uma infinidade de outros pecados. O homem que sou hoje só pode ser atribuído ao que meu Senhor e Salvador fez por mim na cruz há 2.000 anos e está me transformando hoje, pelo poder do Espírito Santo.

Você verá a palavra "milagre" usada diversas vezes ao longo deste livro. Depois de ver como Deus me livrou completamente de tantos vícios, na minha opinião, a palavra "milagre" é o termo apropriado a se usar. Deixe-me apenas dizer que o maior milagre que já aconteceu na minha vida – como acontece com todos os seguidores de Cristo – é o milagre da salvação de Deus. Foi quando passei da morte espiritual para a vida e minha alma foi salva da destruição total.

Se eu tivesse sido curado do abuso de drogas, do fumo, da pornografia e de todos os outros vícios em que estava preso, e mesmo que eu tivesse alimentado os sem-teto todos os dias da minha vida, se eu morresse ainda em meus pecados, o resultado final para mim seria que eu acabaria no inferno. Então, sim, Deus salvando minha alma daquele lugar miserável foi, de longe, o maior milagre que já ocorreu em minha vida.

Ao longo da leitura, mantenha isso na sua mente...
Espero que desfrute...

PRIMEIRA PARTE:

MINHA

VIDA

ANTES DA

COCAÍNA

CRESCENDO NA PHILADELPHIA

Você está pronto? Vamos lá. Como já foi dito, meu nome é Michael Higgins e estou apaixonado por meu Senhor e Salvador, Jesus Cristo. Como não poderia depois que Ele quebrou as correntes de 20 anos de vício descontrolado na cocaína?

Como você verá em breve, de todos os vícios que lutei ao longo da minha vida, sem dúvida, a cocaína foi o mais destrutivo e avassalador de todos.

Durante muitos anos, conselheiros tentaram me convencer que eu não era um viciado, apenas uma vítima do abuso de drogas.

Disseram-me que eu tinha uma doença e que a culpa era mais da droga do que minha. Esse conselho mundano me levou por um caminho muito escuro e perigoso, do qual somente Deus poderia me livrar. E Ele livrou!

Nos primeiros 20 anos da minha vida, estive livre de cocaína. Eu sabia o que era, mas não tinha interesse em provar.

Tudo mudou quando me mudei para a Califórnia. Bastou uma cheirada da substância branca e fiquei completamente fisgado. A cocaína rapidamente se tornou a minha criptonita.

Falaremos mais sobre isso depois...

Primeiro, deixe-me levá-lo em uma breve caminhada no meu túnel do tempo. A razão para isso é eu quero que você veja que não precisa ser criado em uma família disfuncional para lutar contra os mesmos vícios que tenho na vida.

Como você verá, minha família estava longe de ser perfeita. Como todas as demais, tivemos nossos altos e baixos ao longo do caminho. Houveram momentos em que senti que pertencia à melhor família do planeta. Outras vezes, temia que a família ficasse desunida.

Mas no grande esquema das coisas, desde a infância até a adolescência, sempre fui bem alimentado, vestido e amado.

Eu cresci na Filadélfia, Pensilvânia. Venho de uma família bastante grande. Éramos oito – meus pais, quatro irmãos e uma irmã. Passei a maior parte da minha adolescência morando em uma casa conjugada de três quartos na região nordeste da cidade.

Se você não sabe, uma casa conjugada é basicamente um aglomerado de pequenas casas conectadas como uma grande laje e depois divididas igualmente. Todos elas parecem iguais. Em muitos casos, a única diferença são os números dos endereços residenciais.

Ter oito pessoas morando sob aquele teto nem sempre foi fácil. Naturalmente, mamãe e papai dividiam o quarto principal. Minha irmã – sendo a única mulher – tinha seu próprio quarto, deixando os cinco meninos dividindo o outro cômodo. Tínhamos dois conjuntos de beliches naquele quarto minúsculo, forçando um de nós a dormir no chão. Ter um pouco de privacidade, pelo menos para nós meninos, era quase impossível.

Não foi exatamente um caminho fácil. Na verdade, os tempos eram muitas vezes difíceis. Porém, sempre houve muito amor em casa e comida suficiente. Sou grato a Deus por me abençoar com dois pais amorosos que sempre fizeram o melhor para nos criar da melhor maneira possível.

De todos os meus irmãos, eu era mais próximo do meu irmão gêmeo, Patrick. Crescendo, éramos praticamente inseparáveis. Fizemos quase tudo juntos. Nada jamais se interpôs entre nós. Não importa quão boas ou ruins as coisas fossem – estávamos sempre lá para encorajar e apoiar uns aos outros.

Dizer que éramos crianças cheias de energia seria correto. Sempre nos mantivemos ocupados fazendo alguma coisa, seja trabalho ou lazer. Mesmo antes de sermos adolescentes, sempre tivemos um trabalho - fosse entregar jornais, varrer folhas, remover neve, pintar cercas, cantar canções de Natal, etc.

Em nosso tempo livre, o que mais gostávamos era jogar beisebol. Quer os tempos fossem bons ou ruins, sempre tínhamos o jogo de beisebol para nos apoiar. Nunca nos cansamos disso. Até sonhávamos em ser jogadores da liga principal de beisebol.

Também jogávamos bola na liga infantil e no ensino médio, mas os jogos do bairro eram os melhores. O que eu não daria para poder vivenciar novamente a inocência daqueles dias!

Eu realmente acredito que se tivéssemos sido encorajados e permanecidos focados no beisebol, algo interessante poderia ter acontecido. Eu cresci na igreja católica. Ir à missa todos os domingos não era algo que eu fazia para me realizar espiritualmente; Fui porque me mandaram. Para mim, ir à igreja não passava de uma formalidade. Disseram-nos para "repetir comigo", "ficar de pé", "sentar" e "ajoelhar". Eu sabia o que iria acontecer antes que acontecesse.

Meu irmão e eu normalmente saíamos durante a Ceia do Senhor.

Porque eu não queria estar ali, minha mente estava sempre em outro lugar. Nunca prestei atenção à mensagem apenas nas formalidades.

Lembro-me do padre dizendo que aqui está uma mensagem do Evangelho de Marcos ou Mateus ou Lucas ou João e assim por diante, mas minha mente geralmente estava distante dali.

Meu irmão e eu fomos até coroinhas por um tempo, mas isso não durou.

Além do bazar anual de Natal na igreja (um dos lugares onde eu ia comprar presentes para minha família) ou ir ao bingo com minha mãe nas noites de segunda-feira (onde me prometiam pizza), o único outro dia do ano em que eu estava animado para ir à igreja era na véspera de Natal.

No entanto, mais uma vez, isso não vinha acompanhado por alguma convicção espiritual. Na verdade, era mais tradição do que qualquer outra coisa. Era também a única vez que toda a família ia à missa.

Depois da celebração da véspera de Natal, íamos para casa e comíamos sanduíches de almôndegas, frios, saladas, etc. Nossos amigos vinham comer conosco. Eles ficavam incrédulos com todos os presentes debaixo da nossa árvore.

Dizíamos: "Isso não é nada. Os melhores presentes estão debaixo da árvore lá embaixo." A véspera de Natal e a missa foram definitivamente uma grande parte do Natal da nossa família.

Além de jogar beisebol, correr atrás de garotas, ouvir rock, beber cerveja e fumar cigarros, também éramos brincalhões. Na maior parte, porém, eles eram bastante inofensivos. E alguns eram hilários!

Quando eu tinha 16 anos, trabalhei em um restaurante chamado *Red Lobster* como despachante na cozinha. Certa noite, quando eu estava saindo do trabalho, meu amigo e eu decidimos roubar uma lagosta viva do restaurante e levá-la para uma festa. O plano era construir uma fogueira e cozinhá-la ali, mas isso nunca aconteceu.

Em vez disso, ficamos bêbados.

Mais tarde, por volta das 2h da madrugada, eu disse ao meu irmão: "O que vamos fazer com esta lagosta? Não podemos levar para casa."

Finalmente decidimos, sem qualquer sentido, colocar a lagosta viva na caixa de correio do vizinho. Depois de retirar os elásticos das garras, acendemos um cigarro e colocamos na boca da lagosta, batemos na porta do Senhor Crawford e nos escondemos atrás de um carro do outro lado da rua.

Não demorou muito para que a luz do quarto de cima se acendesse. Logo depois disso, uma luz no andar de baixo foi acesa. Enquanto esperávamos com ansiedade, não conseguíamos parar de rir.

Finalmente, a Senhora Crawford abriu a porta da frente e acendeu a luz de fora. Olhando para a esquerda, você pode imaginar sua reação ao ver a lagosta no meio da noite. Se alguma vez houve um momento em que alguém foi pego completamente de surpresa, foi esse!

Conversamos sobre isso por algum tempo, sem perceber que seríamos lembrados disso 25 anos depois.

Quando meu pai morreu em 2006, meu irmão gêmeo trouxe os filhos para visitar mamãe. Ao levar as crianças para passear, ele esbarrou no Sr. Crawford, que ele não via há décadas.

O Sr. Crawford expressou suas condolências, dizendo que nosso pai era um homem muito bom. Ele estava certo sobre isso.

Enquanto se despediam, o Sr. Crawford disse ao meu irmão: "A propósito, sempre soubemos que foram vocês que colocaram aquela lagosta em nossa caixa de correio, mas foi tão engraçado que decidimos não contar aos seus pais."

Mesmo se tivessem feito isso, meus pais também teriam rido.

A maioria das nossas pegadinhas era desse tipo.

Quando a chamada a três apareceu, ela nos deu uma nova maneira de tirar sarro das pessoas. Aproveitamos ao máximo. Algumas das vítimas conhecíamos, outras não. Em vez de estarem no lugar errado na hora errada, eles simplesmente tinham os números de telefone errados na hora errada.

O que fazíamos era ligar para alguém. Quando chamava, ligávamos para outra pessoa e, em seguida, conectamos as chamadas.

Depois de cumprimentá-los, um perguntava ao outro: "Então, por que você ligou?"

A outra pessoa falava: "Eu não liguei para você, você me ligou".

Então, a outra pessoa dizia: "Não, não liguei, você me ligou".

Isso geralmente durava algum tempo até que ambos os lados desistissem. Uma mulher tentou raciocinar que talvez as linhas telefônicas tivessem sido de alguma forma embaralhadas no espaço sideral. Outra mulher culpou um novo filtro de água que ela mantinha na bancada da cozinha.

Porém, na maiorias da vezes, os interlocutores culpavam uns aos outros. Às vezes, o clima esquentava. Uma pessoa diria à outra que estava louca, bêbada ou drogada por pensar que havia ligado para ela.

Algumas vezes, ouvíamos e ríamos tanto que tínhamos que cobrir os telefones com as mãos para que não nos ouvissem. Era muito hilário.

Um dia ligamos para alguém que não conhecíamos. Quando ele atendeu, dissemos: "Departamento de polícia do oitavo distrito (uma delegacia local na Filadélfia), como posso ajudá-lo?"

O homem disse: "Perdão! Eu não te liguei, você me ligou. Ele educadamente falou: "Talvez seja uma conexão ruim" e desligou.

Dois minutos depois, ligamos novamente. Mais uma vez, ele disse a mesma coisa e desligou.

Depois de ligar para ele várias vezes, ele ficou agitado e atingiu o ponto de ebulição. Foi então que ligamos para a verdadeira delegacia do 8º distrito. Em vez de dizer olá, ele começou a gritar e xingar a mulher do outro lado da linha, que por acaso, era uma policial de verdade.

Ela disse: "Senhor, se você não se acalmar e parar de me xingar, enviarei um carro para prendê-lo".

"Eu não me importo", disse o homem aos berros, "Pare de ligar para minha casa. Já estou de saco cheio!

Ela disse: "Não tenho ideia do que você está falando!"

Isso o deixou ainda mais irritado. Ele deu um basta e desligou na cara dela.

Não sabemos se a polícia apareceu na casa daquele homem. Nem nos importávamos em saber. Felizmente, eles não tinham ideia de quem estava por trás das travessuras ou que estávamos ouvindo e rolando no chão de tanto rir.

Meu tio Jack era vítima frequente de nossas pegadinhas. Além de trabalhar para a prefeitura de Filadélfia, ele também administrava um posto de gasolina.

Uma noite, ele estava em casa jantando com a família, quando um homem chamado Floyd – que trabalhava com ele no posto de gasolina – ligou para ele. Pelo menos parecia assim.

Meu tio disse a Floyd que estava jantando com a família e deixou por isso mesmo. Na próxima ligação de Floyd, meu tio pediu que ele parasse. Floyd respondeu dizendo que não tinha ligado para ele; o telefone da delegacia tocou, então ele atendeu.

Depois de mais algumas ligações, a paciência do meu tio chegou ao fim. Ele acusou Floyd de estar bêbado e o avisou para não ligar novamente!

Foi hilário! O que posso dizer? Éramos travessos. Obviamente, isso foi muito antes do advento da Internet e dos celulares.

Todos vocês jovens que estão lendo este livro, provavelmente não têm a menor ideia do que estou falando. Mesmo que fizessem isso, com a tecnologia atual, nunca conseguiriam escapar impunes.

Crescer com cinco irmãos e amigos com praticamente os mesmos interesses tornou a vida previsível. Além de jogar beisebol e futebol americano, disputávamos quem conseguia a garota mais bonita, quem bebia mais cerveja, quem tinha o sistema de som mais potente, quem tinha o carro mais veloz, quem era o mais forte.

Certa noite, meu vizinho Tom fez a sua festa de formatura do ensino médio na sua casa. Sabíamos que os pais dele estavam tomando um barril de cerveja, então definitivamente iríamos.

À medida que a festa avançava, a bebida realmente ficou fora de controle. Um dos meus vizinhos, Dean, e eu estávamos bastante bêbados.

Naquela época, eu estava no 9º ano. Dean estava na 8ª série. Por volta das 3h da manhã, em um dia de semana, trocamos algumas palavras e acabamos brigando na frente da minha casa.

Meu pai, que nessa época já estava curado do alcoolismo, ouviu a discussão e saiu correndo de casa para apartar a briga. Estávamos nos atacando descontroladamente.

Ele me empurrou em direção a casa e disse: "Você está bêbado!" Depois de mandar Dean para casa, ele me disse que cuidaríamos disso pela manhã. Ele terminou dizendo: "Espero que você vomite a noite toda".

Foi exatamente isso que aconteceu. Além disso, eu não conseguia dormir porque o quarto estava girando e estava amedrontado de lidar com meu pai em algumas horas. Eu já havia bebido várias vezes antes desse evento, mas essa foi, de longe, a maior embriaguez que vivenciei até aquele momento.

Na manhã seguinte, enquanto tomava café da manhã com meus irmãos, ouvi os passos de meu pai descendo as escadas. Meu coração batia tão rápido que pensei que fosse explodir.

Pior ainda, quando ele entrou na cozinha, meus irmãos saíram, deixando apenas nós dois. Ele sentou-se e calmamente
me perguntou: "A sala girou ontem à noite?"

Eu falei que sim.

Ele disse: "Você vomitou?"

Respondi: "Sim, muito".

Meu pai: "Como está sua cabeça agora?"

"Terrível." Eu disse: "Sinto muito, pai. Aprendi minha lição. Isto nunca vai acontecer de novo."

Meu pai respondeu: "Vou deixar passar porque é a primeira vez. No entanto, se você se gabar para alguém de que eu o deixei escapar facilmente, você será punido. Fui claro?

Eu balancei a cabeça, concordando.

"É melhor você ir", disse ele, "seus irmãos estão no carro esperando por você".

Como você pode imaginar, tive um dia difícil na escola. Pior ainda, foi o começo do meu hábito de beber com o único propósito de ficar embriagado. Isso aconteceu por muitos anos.

Sempre tive pré disposição a experimentar. Meu lema era: "Vou tentar qualquer coisa pelo menos uma vez". Por causa disso, provei drogas diversas desde cedo. Beber cerveja e fumar maconha sempre foram minhas duas primeiras escolhas. Na maior parte do tempo, meu irmão gêmeo bebia comigo, embora nunca usasse drogas.

Naquela época, tudo parecia ser inocente, especialmente porque não estávamos machucando ninguém.

No ensino médio, éramos conhecidos como os baladeiros. Quando as pessoas nos diziam que éramos loucos, considerávamos isso um elogio. Quanto mais populares nos tornávamos no ensino médio, mais os esportes começaram a ficar em segundo plano em nossas vidas.

Meu irmão e eu não éramos os melhores alunos. Muitas vezes faltávamos aulas. Até trocamos de aula de vez em quando. Eventualmente, porém, paramos de fazer isso porque eu não comparecia à aula de Patrick, ou vice-versa. Sinceramente, não tenho ideia de como nos formamos. Ou os professores gostaram muito de nós ou ficaram felizes em nos ver partir.

De qualquer forma, recebemos diplomas. Vai saber. Na época em que iniciamos o ensino médio, havia grande agitação e tensão racial na cidade. Lembro-me de almoçar no refeitório com uma presença policial tão forte que muitas vezes me sentia como se estivesse na prisão em vez de na escola.

    Isso foi durante nosso primeiro ano. Nos quatro anos seguintes, a tensão racial diminuiu gradualmente. Quando estávamos no último ano, parecia que todos se davam bem. A boa notícia é que isso nos deu mais pessoas para sair.

    Éramos bem conhecidos e nos relacionávamos bem com todos. Nosso único desejo era nos divertir. Devido à nossa moral relaxada e à ignorância sobre a Palavra de Deus, aqueles tempos foram realmente marcantes. Estávamos imersos no mundo e desfrutando cada momento.

SHOWS ANTIGOS

Foi durante o ensino médio que fomos ao nosso primeiro show de rock. A banda que vimos foi Van Halen. Foi o primeiro de muitos shows que vieram a seguir – Rolling Stones, Journey, Ozzy Osbourne, AC/DC, Judas Priest e Iron Maiden, para citar alguns.
Independentemente do show que fôssemos, ficávamos mergulhados no álcool. Naquela época, eu trabalhava como cozinheiro em um bar. Além de cozinhar, limpava o bar e os banheiros nos finais de semana. Por causa disso, o proprietário deu a um adolescente rebelde as chaves do bar. Grande erro!
De qualquer forma, na véspera do show, íamos ao bar e pegávamos qualquer coisa que pudéssemos encontrar. Isso geralmente acontecia por volta das 4h, quando o bar estava fechado e não havia ninguém lá. Nunca aceitávamos caixas de cerveja por dois motivos: primeiro, porque tínhamos uma longa caminhada até casa; Segundo, se um carro da polícia passasse, eles iriam notar facilmente.
Em vez disso, levamos garrafas de uísque. Dessa forma, se um carro da polícia passasse, podíamos esconder dentro das nossas jaquetas.
Um dia, íamos ver os Rolling Stones, Journey e George Thorogood no antigo Estádio JFK em Filadélfia. Foi um show ao ar livre e mais de 100 mil pessoas compareceram.
O tempo estava perfeito; nenhuma nuvem no céu. Chegamos cedo ao estádio e começamos a festa. Fiquei tão bêbado que desmaiei e tive que ser carregado para dentro do estádio. George Thorogood foi o primeiro a se apresentar. Não me lembro de nada.
Journey foi a próxima banda a se apresentar. Foi então que comecei a me recompor. Assim que pude ver, percebi que havia sangue na minha camiseta branca.

Perguntei ao meu irmão e amigos o que havia acontecido comigo. Eles disseram que eu tentei subir numa pequena colina, mas continuei caindo e rolando. Eles afirmaram que queriam me ajudar, mas estavam se divertindo vendo a cena. As palmas das minhas mãos sangravam por causa de pequenas pedras que as cortavam cada vez que eu batia no chão, daí a camisa ensanguentada.

Em outro show, eu estava tão bêbado que tive que me apoiar no meu irmão e em outro amigo para não cair. Meu irmão, vendo um policial da Filadélfia se aproximando de nós, me disse para andar normalmente. Era como dizer a um peixe para voar ou a um porco para nadar.

Dei um passo e caí de cara no chão, caindo bem na frente do policial. Meu irmão pediu desculpas e disse ao policial que eu estava com pneumonia. Ele não acreditou nele, é claro, mas nos deixou ir dizendo: "Tire-o da minha vista!"

Em mais um show – desta vez de Ozzy Osbourne – pegamos o metrô até a arena. Começamos a beber no metrô. Um de nossos amigos, sendo um verdadeiro idiota, tentou forçar um morador de rua sentado perto de nós a beber de uma das garrafas de uísque que trouxemos conosco.

A gente ficava falando para ele parar, que não era legal, mas ele persistiu.

Uma parada antes da arena, as portas do metrô se abriram e a polícia embarcou no trem. Eles rapidamente nos tiraram do metrô e confiscaram nosso uísque roubado. Achei que íamos ser presos – eles até ameaçaram nos prender – mas acabaram nos deixando ir.

Mas eu não precisava de shows de rock para sentir necessidade de festejar. Quando minha turma fez uma excursão escolar ao Zoológico da Filadélfia, tolamente trouxe comigo uma garrafa de uísque. Querendo me exibir para meus colegas de classe, bebi na parte de trás do ônibus como se fosse Ki-Suco.

Eu estava tão bêbado que cambaleei até o zoológico procurando um banco para sentar. Depois de vomitar bastante, uma garota chamada Sherry sentou-se ao meu lado, onde permaneceu pelo resto do dia, esfregando minhas costas e me dizendo repetidas vezes que eu ficaria bem (pessoalmente, não sei se eu conseguiria sentar e ver alguém vomitar daquele jeito).

Sherry, se você ler isso um dia, obrigado novamente por seus atos de bondade para comigo naquele dia.

SEMANA DOS RECÉM GRADUADOS

Como eu afirmei anteriormente, é realmente incrível que meu irmão e eu tenhamos concluído o ensino médio. Certamente não merecíamos.

De qualquer forma. depois de nossa formatura, fomos para Wildwood, Nova Jersey para a semana final. O único propósito dessa semana, pelo menos para nós, era se perder pela costa de Jersey.

"O que tiver que ser, será", era o meu lema.

Depois de dois dias bebendo muito, sentados na praia, alguns de nossos amigos anunciaram que iriam tomar ácido mais tarde. Eles convidaram meu irmão e eu para que a gente se juntasse a eles. Ele respondeu não por nós dois.

Quando eles saíram para fazer suas coisas, meu irmão insistiu para que eu não me juntasse a eles. Eu disse a ele que entendia e que concordava.

Naquela noite, porém, meus amigos me alcançaram. Não me lembro onde meu irmão estava, mas como ele não estava em lugar nenhum, tomei ácido com eles. Além disso, fumamos "pó de anjo".

Eu estava totalmente perdido, nunca me senti assim antes. Era como um gigante que poderia voar!

Caminhamos pelo calçadão para ver as luzes e observamos algumas pessoas. Rimos histericamente de quase tudo e de todos. Havia uma mulher extremamente obesa vestindo um moletom rosa andando em nossa direção.

Meu amigo disse: "Ei, olhe o hipopótamo!"

Nós rimos ainda mais. Quando ela passou, começamos a segui-la, rindo o tempo todo.

Ela deve ter ficado totalmente humilhada. Eu nunca faria isso em meu estado normal. Obviamente, eu não era cristão naquela época. Agora que sou, sinto vergonha sempre que penso naquela pobre mulher. Se eu pudesse conhecê-la agora, ficaria de joelhos e imploraria por seu perdão.

Mais tarde naquela noite, encontramos duas garotas no calçadão, que nos convidaram para irmos ao seu quarto de hotel. Quatro de nós fomos, enquanto os outros decidiram ficar no calçadão.

Essas meninas bagunçaram totalmente nossas mentes. Elas sabiam que estávamos viajando. Bebemos cerveja e fumamos maconha. Apagaram todas as luzes do quarto e nos molharam com pistolas de água. Além disso, usaram o flash da câmera para fazer parecer que uma tempestade de raios havia se materializado na sala.

Como havíamos perdido o controle total dos nossos sentidos, acreditamos nelas. Tinham uma fita cassete que projetaram para bagunçar totalmente nossas cabeças!

Estávamos ouvindo *Stairway to Heaven* e gostamos muito. De repente, assim que começamos a fingir que estávamos tocando guitarra, a fita cortou para uma música diferente. Paramos, nos entreolhamos e rimos incontrolavelmente. Quando recuperamos a compostura, tocamos outra música, e novamente cortavam para outra canção.

Elas ainda tinham quadros de veludo pendurados nas paredes e luzes negras para fazê-los brilhar. Estavam realmente nos assustando de todas as maneiras imagináveis. Era como se tivessem comprado um kit "Como mexer com a mente de alguém com ácido" e estivessem aproveitando-o ao máximo.

Foi totalmente insano!

Até hoje, nunca ri tanto em minha vida. Mesmo exausto, me senti seguro naquele quarto de hotel. Isto é, até que houve uma batida na porta. Não queríamos responder por razões óbvias.

Eventualmente, eu abri. Era meu irmão gêmeo. Inacreditável! Até hoje não sei como ele nos encontrou – nunca perguntei a ele.

De repente, minha alegria se transformou em paranóia. Afastei-o de mim, buscando escapar de sua presença. Acabei me escondendo atrás de uma lixeira em outro hotel por várias horas, vivendo a pior experiência que poderia imaginar.

Ao nascer do sol, sentei-me sozinho na praia. Parecia que o oceano estava respirando em mim. Essa foi a primeira e última vez que tomei ácido.

Das 24 horas em que estive sob efeito de ácido, apenas três ou quatro foram divertidas: as outras 20 foram terríveis. Agora que o ensino médio terminou, era hora de começar a pensar no futuro.

Foi nessa época que minha saude estava no pico. Parei de fumar e reduzi drasticamente o consumo de álcool. Eu ia à academia todos os dias religiosamente. Treinar rapidamente se tornou meu novo recorde. Eu estava começando a parecer e me sentir melhor. As coisas estavam indo bem para mim. Trabalhei em vários restaurantes naquela época. Se eu não estava trabalhando, estava malhando. Sem dor, sem ganho, certo?

Sempre tive talento para cozinhar. Meu falecido pai era chef. Neste caso, "filho de peixe, peixinho é", mas voltarei a isso mais tarde...

Um dos gerentes do restaurante onde eu trabalhava naquela época era formado pelo C.I.A. (Instituto Culinário da

América). Ele achou que eu deveria visitar a escola por causa do meu talento, até se ofereceu para me levar até lá, para que eu pudesse conferir.

Aceitei de bom grado sua oferta generosa. Meu irmão e outro amigo nosso se juntaram a nós. Fiquei muito impressionado e animado enquanto visitávamos o campus.

No caminho de volta para casa, paramos em Manhattan. Foi a primeira vez que visitamos a *Big Apple* e ficamos entusiasmados. O homem que nos levou até lá comprou cola para cheirar e nos incentivou a cheirá-la com ele. Para mim, foi um negócio fechado. Nunca mais cheirei.

Quando voltamos para Filadélfia, tive certeza de que me matricularia na CIA. O problema é que eu também tinha outro sonho: me tornar uma estrela do rock. No final das contas, esse sonho venceu. Em vez de ir para a escola em Hyde Park, Nova York, e estudar para me tornar chef, meu irmão, dois amigos e eu arrumamos nossas coisas e nos mudamos para a Califórnia.

Nossas mentes estavam decididas. Estávamos mudando para Cali e não tinha como voltar atrás! Trabalhei em turnos duplos no restaurante e até tive dois empregos, para poder economizar dinheiro para a mudança.

Até aquele momento da minha vida, nunca tive um relacionamento sério com uma garota. Eu estava me divertindo muito como solteiro.

Alguns meses antes de se mudar para a Califórnia, meu irmão estava namorando uma garota cuja amiga queria me conhecer. Eu disse a ele para dizer que estava lisonjeado, mas que queria me mudar para a Califórnia como um homem livre, sem compromisso.

Três dias antes de partirmos para a Costa Oeste, fizemos uma festa de despedida e uma garota apareceu. Meu irmão apresentou a gente e nos demos bem imediatamente. Ela tinha uma inocência que era revigorante. Passei meus últimos três dias na Filadélfia com ela.

Passamos momentos maravilhosos juntos. Mesmo assim, eu ainda estava empenhado em ir para Cali como um homem livre.

A VIAGEM PARA A CALIFORNIA

É incrível como consigo esquecer a maioria das coisas que aconteceram na minha vida, mas existem algumas coisas que consigo lembrar como se fosse ontem. Mudar para a Califórnia é um daqueles momentos...

Em 27 de março de 1985, meu irmão e eu estávamos prestes a deixar o ninho e dirigir mais de 4800 km para uma vida nova. Tínhamos quatro motoristas (meu irmão Patrick, Steve, Hal e eu) e dois carros para levar-nos até lá.

Minha namorada foi à casa dos meus pais para se despedir. Nesta fase inicial do nosso relacionamento, éramos mais amigos do que qualquer outra coisa. Mesmo assim, foi uma despedida muito emocionante. Muitas lágrimas foram derramadas naquele dia.

Naturalmente, minha mãe estava bastante emocionada. Ver mamãe tão emotiva tornou tudo ainda mais difícil para nós.

Saímos no início da noite. Foi um dia excepcionalmente quente na Filadélfia, 24 graus no mês de março é bem raro. Antes de partir, minha namorada me deu uma carta com cerca de 30 páginas.

Como eu estava dirigindo na primeira etapa da viagem, não consegui ler. Porém, mesmo que eu não estivesse, meus olhos estavam tão cheios de lágrimas que não conseguiria ler, mesmo que tentasse.

Assim que pegamos a I-95 em direção ao sul, a emoção começou. Nossos sonhos estavam prestes a se tornar realidade. Por causa do clima excepcionalmente quente, usamos shorts e camisetas.

Dirigimos a noite toda, revezando-nos na direção, parando apenas para abastecer, comer e usar o banheiro. Depois de 1.900 quilômetros, estávamos exaustos e nos hospedamos em um hotel barato em Little Rock, Arkansas. Dormimos como bebês naquela noite e acordamos revigorados.

Depois de tomar o café da manhã no hotel, voltamos à estrada. A 80 quilômetros a oeste dali, no meio do nada, meu carro começou a superaquecer. Chamamos um guincho que nos rebocou até uma oficina.

Quinhentos dólares e três horas depois estávamos de volta à estrada. Eu sei que fui enganado por esse cara, mas ficamos felizes em voltar à jornada. Estava 27 graus, perfeito! Dirigindo pela I-40 Oeste, começamos a ver nuvens de tempestade no horizonte. Quanto mais dirigíamos no estado de Arkansas, mais sinistro ficava o céu.

Todas as estações de rádio alertaram sobre tornados em cada condado por onde passamos. Foi um momento preocupante.

Nunca vimos um tornado, mas encontramos ventos e chuvas fortes, observamos algumas nuvens baixas com um tom esverdeado. Lutamos contra as mesmas ao entrar no estado de Oklahoma. Isso nos atrasou consideravelmente. Mesmo assim, decidimos seguir em frente e atravessar as tempestades para recuperar o tempo perdido. As tempestades finalmente terminaram no oeste de Oklahoma.

Entre os problemas do carro e as fortes tempestades, perdemos várias horas de condução. Finalmente chegamos ao Texas. Paramos em Amarillo para comer e abastecer.

Quando saímos dos carros fazia 30 graus abaixo de zero com o vento frio. Estávamos cansados, então o ar frio fazia bem em nossos rostos. Isso realmente nos acordou.

Vendo que estávamos de bermuda e camiseta, os moradores nos olharam como se fôssemos malucos. Antes de ir para o restaurante, vestimos roupas mais quentes. Depois de comer, voltamos à estrada. O próximo estado para nós foi o Novo México. Quando chegamos à "Terra do Encantamento", o céu estava limpo, mas havia um centímetro de gelo na Interestadual 40. Neste ponto, não podíamos deixar de nos perguntar o que mais poderia acontecer?! Eu tinha um trailer conectado ao meu carro.

À medida que avançávamos no trânsito, estávamos determinados a continuar, não importando com o que acontecesse. Depois de muitas horas de condução cautelosa, finalmente chegamos ao oeste do Novo México e descobrimos que as estradas estavam livres.

Era hora de compensar!

Um dos maiores marcos que vimos foi no estado do Arizona, uma enorme cordilheira em Flagstaff. Apareceu pela primeira vez a cerca de 160 km de distância. Demorou uma eternidade para desaparecer da nossa vista.

No dia 1º de abril, depois de passar por todos os padrões climáticos imagináveis, vimos a placa "Bem-vindo à Califórnia". Foi um momento marcante para todos nós. Enquanto estávamos do lado de fora tirando fotos, um ônibus cheio de garotas passou buzinando para nós, o que só aumentou a emoção!

Mas isso não mudou o fato de que ainda estávamos a seis horas de Los Angeles e não tínhamos onde morar.

Felizmente, Hal tinha um irmão que morava em Santa Monica, este nos deixou ficar com ele nos primeiros dois dias. A única coisa que tínhamos a nosso favor é que tínhamos empregos nos esperando em Van Nuys, localizado no Vale de San Fernando. Antes mesmo de começarmos a trabalhar, precisávamos encontrar um lugar para morar.

Como Santa Mônica ficava a 24 quilômetros de Van Nuys – com o trânsito sufocante de Los Angeles, poderia muito bem estar a 185 km – decidimos procurar um apartamento no vale. Depois de ouvir tantos nãos, nossa sorte estava prestes a mudar.

Examinamos um complexo de apartamentos totalmente novo nos norte de Hollywood e dissemos aos proprietários que acabamos de chegar da Filadélfia há três dias. Não tínhamos crédito; mas tínhamos empregos nos esperando em Van Nuys, no ramo de restaurantes. Tudo o que precisávamos era de um lugar para morar.

Resumindo: precisávamos de alguém que nos desse uma moral.

Os irmãos proprietários do prédio disseram que nos dariam uma chance. Assinamos um contrato de aluguel de um ano no capô do carro deles.

Pense num alívio! O apartamento tinha dois quartos e dois banheiros. Perfeito. O que mais poderíamos pedir? Tínhamos um lugar para morar no sul da Califórnia!

Começamos a trabalhar em nossos novos empregos uma semana depois. Isso nos deu tempo para desempacotar as coisas que trouxemos e nos familiarizarmos um pouco mais com o novo ambiente.

Durante esse período, minha namorada e eu passamos muito tempo ao telefone nos conhecendo. Também escrevemos cartas um para o outro.

Assim que nos instalamos, ela me disse que viria me visitar. Fiquei contente ao ouvir isso. Finalmente, poderíamos nos conhecer melhor pessoalmente. Fizemos muitas coisas juntos naquela curta semana: Disneylândia, *Knott's Berry Farm*, San Diego e diversas praias. Mal dormimos durante todo o tempo em que ela esteve lá.

Foi nessa época que nos apaixonamos. No dia em que ela partiu, o trajeto até o aeroporto foi difícil para nós dois. Ela chorou o tempo todo. Eu também fiquei triste.

Quando ela chegou em casa, as cartas e os telefonemas só aumentaram, principalmente os telefonemas. Depois de um tempo, voltei à minha rotina diária. A vida era boa. Estava prestes a ficar ainda melhor. Nosso pai ligou uma noite informando que nossa família viria à Califórnia nos visitar no mês seguinte.

Estávamos tão entusiasmados! Não perdemos tempo preparando tudo para a visita deles. Quando os encontramos no aeroporto, meu irmão e eu mal conseguimos nos conter. Queríamos mostrar a eles nosso novo lugar. No final das contas, eles não estavam sozinhos. Nossos bons amigos, os Alvira, voaram para Los Angeles com minha família.

Nunca esquecerei que estavam sufocantes 40 graus naquele dia. De qualquer forma, eles ficaram satisfeitos em ver como nossa casa era bonita e limpa e se confortaram ao ver que nossa situação era estável.

Mais uma vez, fizemos tanto em tão pouco tempo.

Quando deixamos nossa família no aeroporto para o longo vôo de volta à Filadélfia, foi um momento triste para todos nós. Mas sabendo que os veríamos novamente mais cedo do que eles pensavam, meu irmão e eu não ficamos tão tristes quanto todos os demais. E por um bom motivo...

Todo mês de agosto, nossa família passava férias em Ormond Beach, Flórida, situado ao norte de Daytona Beach. O que eles não sabiam era que nos juntaríamos a eles lá. Só minha namorada sabia. E como minha família a convidou para acompanhá-los, foi como ter duas férias pelo preço de uma.

Quando chegamos ao hotel na Flórida minha família surtou, mas no bom sentido. Nosso pai estava na praia quando nos viu e começou a chorar. Estou escrevendo isso como se tivesse acontecido ontem e amando as memórias inocentes que criamos.

Aqueles foram alguns dos melhores dias da minha vida. Nos muitos anos que passamos naquele hotel em particular, nosso quarto sempre foi o centro das festas. A banheira estava sempre cheia de cerveja e gelo, e muitas vezes festejamos até o sol nascer.

Mas essa viagem foi diferente para mim. Principalmente porque minha namorada e eu estávamos nos apaixonando cada vez mais. Minha família estava conhecendo-a e amando-a como se ela já fizesse parte de nós. O amor foi meu novo ápice, a ponto de raramente beber álcool naquela viagem.

A pior parte da viagem foi que ela passou rápido demais. Já estávamos nos despedindo novamente. Separar-me da minha namorada, sem falar da minha família, foi extremamente difícil para mim. Foi absolutamente insuportável!

Ao retornar ao sul da Califórnia, meu irmão e eu voltamos ao cotidiano. Apesar de sentirmos falta da nossa família, a vida era boa...

O TELEFONEMA

Depois de seis meses morando na Califórnia, recebi um telefonema da minha namorada. Ela estava muito chateada. Perguntei a ela qual era o problema. Assim que conseguiu controlar o choro, ela me disse que estava grávida.

Essas foram as últimas palavras que eu queria ouvir saindo de sua boca. Ela tinha apenas 19 anos e estava estudando enfermagem, enquanto eu estava a 4.800 km de distância e amando minha nova vida.

Assim que ela se acalmou, eu disse que precisava fazer alguns telefonemas e que ligaria de volta.

A primeira ligação foi para meus pais. Eu disse a eles que estava voltando para a Filadélfia e perguntei se poderia ficar com eles até me situar. Não contei a eles por que estava voltando, queria contar pessoalmente.

Eles disseram que sim.

Em seguida, liguei para meu trabalho e os informei. Eles entenderam. Liguei de volta para minha namorada e, com o coração pesado, disse a ela que tinha feito todas as ligações necessárias. Depois do banho, eu partiria para Filadélfia. Pense em um momento surreal da minha vida!

Eu não queria sair do lugar que tanto amava, mas foi a coisa certa a se fazer.

Duas horas depois de nossa conversa por telefone, eu estava no carro para uma nova viagem de 4.800 quilômetros. Só que desta vez eu estava dirigindo sozinho. Era por volta das 22h. Fiquei acordado o dia todo e estava cansado.

A primeira parada que fiz foi num posto para abastecer e pegar a maior xícara de café que eles vendiam. Enquanto pagava, olhei para os cigarros atrás do balconista e perguntei: "Quais são os cigarros mais leves que você carrega?"

O homem disse: "Mérito".

Eu disse: "Vou levar um pacote deles".

A primeira vez que fumei um cigarro tinha nove anos. Mas, como eu disse anteriormente, parei quando comecei a melhorar de saúde, aproximadamente três anos antes dessa época.

Depois de encher o tanque, entrei no carro e acendi um cigarro. A primeira tragada me fez sentir tonto e alto ao mesmo tempo. Assim que joguei pela janela, acendi outro. Depois outro. E outro. Eu mal tinha saído de Los Angeles e já precisava de mais cigarros.

Antes que percebesse, o sol estava nascendo. Estava dirigindo há oito horas. Lembro-me de como meus olhos arderam, mas continuei dirigindo. Depois de um tempo, outro nascer do sol aconteceu.

Acredito que dirigi 38 horas seguidas antes de finalmente parar perto de Oklahoma City. Hospedei-me em um hotel e dormi cerca de oito horas. Dizer que eu estava maluco seria um eufemismo.

Na manhã seguinte, depois de tomar o café da manhã, reabasteci e voltei à I-40 em direção ao leste. Meu objetivo era dirigir até Fairfax, Virgínia, e passar a noite com amigos antes de fazer o trecho final da viagem.

A essa altura, eu sabia que estava fazendo a coisa certa. Eu tive uma paz inacreditável em meu coração. De forma verdadeira e clara.

Outra coisa diferente da primeira vez que dirigi de costa a costa foi a música que ouvi. Em vez de rock and roll tocando nos alto-falantes do carro, ouvia Lionel Richie, porque era isso que eu e minha namorada ouvíamos quando estávamos juntos.

Fiquei animado para vê-la e começar nossas vidas juntos como pais. Não havia telefones celulares na época, então eu a atualizava periodicamente via as cabines telefônicas ao longo do caminho.

Cheguei ao meu destino na Virgínia, graças a Deus.

Na manhã seguinte, quando acordei, faltavam apenas 190 quilômetros para percorrer, foi um salto tanto. Liguei para minha namorada e meus pais, dizendo que os veria em breve.

Ao chegar na Filadélfia, fui primeiro à casa dos meus pais para desfazer as malas e tomar banho.

Meu pai disse: "Você acabou de fazer algo que eu sempre quis fazer: dirigir de costa a costa".

Eu disse: "Foi incrível!" Meus pais ainda não sabiam da gravidez. Eu queria ver minha namorada primeiro, antes de contar aos meus pais.

Dirigindo para a casa dela, eu estava bastante nervoso. Principalmente porque eu ainda não conhecia os pais dela. Como conheci minha namorada três dias antes de me mudar para a Califórnia, não tive tempo de conhecê-los antes.

Quando cheguei em casa, nos demos bem imediatamente. Eles eram um casal muito simpático. A mãe dela preparou um belo jantar e gostamos de nos conhecer. Então veio a bomba...

No dia seguinte, minha namorada me contou que fez um aborto enquanto eu voltava da Califórnia. Foi como uma faca nas costas. Fiquei paralisado e transtornado ao mesmo tempo. Desisti de tudo por ela em questão de horas. Tudo!

Nunca experimentei sentimentos e emoções como esses antes e nunca mais quero experimentar! Fiquei arrasado. Saí da casa e não falei com ela por muitas semanas. Ela me ligava constantemente, mas a ignorava.

Meus pais não tinham ideia de por que me recusei a atender suas ligações. Ainda não sabiam da gravidez nem do aborto. Eles presumiram que estávamos discutindo.

Com a decisão tomada, perguntei ao meu pai se ele ainda queria dirigir de costa a costa.

Ele disse sim. Ele ligou para o trabalho e disse que precisava de uma folga para me levar de volta à Califórnia.

Finalmente liguei para minha namorada e disse que estava voltando para a Califórnia. Isso a devastou.

As últimas semanas na Filadélfia com ela foram ótimas, o que tornou difícil deixá-la novamente, mas eu estava decidido. Eu estava retornando.

CALIFÓRNIA, AQUI VOU EU NOVAMENTE!

Crescer na Filadélfia nem sempre foi fácil, conforme dito anteriormente. Além de lutar para sobreviver, nosso pai foi alcoólatra durante grande parte da vida.

Meu pai não era um bêbado violento, pelo menos fisicamente, ele simplesmente não conseguia parar de beber. Ainda me lembro das constantes discussões com minha mãe e da polícia que, de vez em quando, vinha até minha casa para levar meu pai embora até que ele ficasse sóbrio.

Também me lembro de quando um dia ele apareceu em nosso jogo de beisebol totalmente embriagado, forçando os treinadores a pedir-lhe que fosse embora. Ele até nos levava ao bar de vez em quando, onde todos o conheciam. Sua bebida até o fez perder alguns empregos.

Louvado seja Deus, meu pai foi libertado do alcoolismo alguns anos antes dessa época. Ele estava limpo e sóbrio. Ele até parou de fumar. Aqueles que zombaram dele e desprezaram-o agora o respeitavam. Vou ainda mais longe para dizer que meu pai foi uma inspiração para muitos.

Até então, nunca tive um relacionamento real com ele. Então, como você pode imaginar, isso era algo que eu realmente esperava.

Nossa conversa foi totalmente incrível. Quanto mais dirigíamos, mais nos conhecíamos verdadeiramente. Foi bom conversar com meu pai como faria com um amigo. Sempre vou valorizar essa viagem.

Meu pai também gostou. Assim como na minha primeira viagem à Costa Oeste, tivemos muitas aventuras difíceis ao longo do caminho, mas finalmente chegamos a Los Angeles em paz.

Fomos passear e depois dirigimos até San Diego para visitar alguns de seus amigos. Passamos momentos maravilhosos juntos. Antes que eu notasse, eu estava me despedindo dele no aeroporto.

Enquanto observava seu avião partir para a Costa Leste, percebi que era o mais próximo que já havíamos estado.

Lembro-me de me sentir terrivelmente sozinho. Parte de mim queria estar no avião com ele. Meu irmão gêmeo havia voltado para a Filadélfia vários meses antes. Pela primeira vez na minha vida, não estava com a família comigo.

Éramos só eu e meu colega de quarto, e nosso relacionamento não era mais o que costumava ser. O apartamento não se parecia em nada como quando saí. Estava sujo e vazio.

Eu me sentia só e não sabia o que fazer comigo mesmo. E pensar que tudo isso aconteceu antes de eu cheirar uma única linha de cocaína. Tudo isso estava prestes a mudar.

Minha vida estava prestes a entrar em um abismo profundo e escuro...

SEGUNDA PARTE:

MINHA

VIDA

DURANTE

A COCAINA

ALGUÉM QUE FOI ENGANADO

Depois de passar por uma experiência tão traumática com minha namorada e sem nenhuma família presente na Costa Oeste, a única coisa que eu ainda tinha era o trabalho. A empresa me acolheu novamente com entusiasmo e trabalhei o quanto me permitiram, incluindo muita jornada dupla, para que pudesse começar a economizar dinheiro.

Por puro tédio e solidão – afinal, não existia Facebook naquela época – comecei a beber mais do que malhar. Meu comportamento passou a ser do tipo que não se importava com mais nada.

Esta é uma mentalidade perigosa para qualquer um. Eu não sabia na época, mas por causa dessa maneira pouco saudável de pensar, minha vida estava prestes a desmoronar completamente...

Um dia, no meio de um turno duplo, eu estava no bar com um dos meus colegas de trabalho. Ninguém estava conosco. Ele colocou um enorme linha de cocaína em um prato e disse: "experimente isso".

Eu sabia o que era, mas disse: "Não cara, estou bem".

Ele me lembrou que tínhamos um longo dia pela frente e isso ajudaria bastante. Finalmente cedi e cheirei a linha branca. UAU! Foi fantástico. Como já foi dito, eu tinha experimentado diversas drogas até aquele momento, mas nada se comparava aquilo. Eu ainda não sabia, mas fiquei gamado instantaneamente.

Uma semana depois, ele me ofereceu outra linha. Não hesitei desta vez. Isso me deu a mesma sensação.

Na semana seguinte, ele me ofereceu novamente e eu aceitei.

Na quarta semana, esperei que ele me desse uma ordem para cheirar, mas nunca o fez. Eventualmente eu o pedi.

Ele disse: "Vai custar caro desta vez".

Perguntei quanto custaria. Ele respondeu 50 dólares. Entreguei o dinheiro, peguei a sacola, fui direto ao banheiro e fiz a linha. Não demorou muito – apenas algumas idas ao banheiro – e o saco de US$ 50 cheio de cocaína havia sumido.

Eu não pude acreditar. Comprei outro saco de US$50, o que significa que gastei US$ 100 em cocaína dentro de uma hora!

Quando o trabalho terminou, eu precisava de mais porque estava indo para uma boate. Rapidamente entendi por que a cocaína era chamada de "aspirina do homem rico".

Esse colega de trabalho não era mais apenas meu amigo, ele era meu fornecedor principal. Ele tinha o que eu precisava e sabia disso. O maior problema para mim era que não conhecia mais ninguém no negócio da cocaína e o meu traficante só me vendia cocaína no restaurante.

Então, mesmo nos meus dias de folga, eu ia ao trabalho esperando que ele estivesse lá. Não havia telefones celulares naquele tempo e eu não tinha o número da casa dele. Ele também nunca me informou isso.

Quando ele estava sem cocaína, o que acontecia de vez em quando, eu me sentia infeliz. Logo percebi que precisava de outro fornecedor.

Um dos caras com quem fui na balada acabou me apresentando a alguém que me vendeu oito bolas de cocaína. Ele rapidamente se tornou meu novo melhor amigo. Naquela época, uma bola com um oitavo de onça de cocaína custava US$ 275,00.

Meu primeiro traficante me vendeu algumas coisas realmente boas, mas essa nova cocaína era demais. Melhor ainda, ele me deu seu número e disse que até entregaria para mim. Depois de fazer um pedido pelo telefone, andei de um lado para o outro em meu apartamento esperando sua chegada. Sempre parecia durar uma eternidade.

No momento em que ele tocou a campainha, o alívio tomou conta de mim. Antes de abrir sua maleta, que continha a droga e a balança, ele queria ser pago. Com o dinheiro em mãos, pegou a balança e mediu o peso exato. Nem mais nem menos.

Entre os dois traficantes, eu tinha cocaína garantida sempre que quisesse. Antes que eu percebesse, todo o meu dinheiro havia acabado. Meus serviços básicos estavam sempre desligados e eu estava atrasado no aluguel. Meu trabalho também estava sendo afetado e o despejo estava próximo.

Meu pensamento naquela época era encontrar uma maneira de ganhar mais dinheiro para não ser despejado e ainda poder sustentar minha dependência.

Um dia, em vez de comprar um oitavo de onça, comprei um quarto de onça de cocaína e empacotei quatro pacotes de um grama na esperança de vendê-los a amigos por US$100 cada, o preço vigente na época. Vender as quatro gramas para meus amigos me permitiria recuperar a maior parte do meu dinheiro, além de deixar um pouco de sobra para meu consumo pessoal.

Por causa do meu novo vício e das minhas finanças severamente abaladas, eu não tinha mais condições de sair para festas. Eu estava bem com isso. Não precisava de música alta, bebidas alcoólicas ou mulheres neste momento da minha vida. Tudo que eu precisava era cocaína e cigarros.

Para alguém que costumava beber como um peixe, isso era bastante notável. De repente, eu não me importava com o álcool. Enquanto eu tivesse cocaína em meu corpo, tudo estaria bem...

De qualquer forma, depois de ligar para dois amigos meus e dizer-lhes que tinha quatro gramas de cocaína à venda, cheirei algumas linhas do meu estoque pessoal, esperando que um deles ligasse para comprar uma parte ou a totalidade.

Eu estava noiado pelo som e paranóico, olhando pela janela em busca da polícia. A essa altura, meu estoque pessoal estava quase acabando.

Finalmente, por volta das duas da manhã, um dos meus amigos passou com quatro notas de cem dólares para comprar as quatro gramas de mim. Mesmo que eu ainda estivesse em posse da cocaína, eu disse a ele que tudo havia acabado.

O dinheiro que gastei com as drogas destinava-se a manter meus serviços básicos ligados. Tudo o que tinha que fazer era pegar o dinheiro, dar-lhe o produto e dizer boa noite, mas não o fiz.

Em vez disso, disse que era tarde demais e que já o tinha vendido. Mas, na verdade, eu queria tudo para mim.

Foi então que percebi que estava com sérios problemas e não havia como impedir da vaca ir para o brejo, como diz o ditado. Mas em vez de procurar tratamento para meu vício crescente, continuei consumindo.

Nos dias seguintes, meus serviços públicos foram desligados e o despejo estava próximo. Ganhei dinheiro mais do que suficiente para pagar minhas contas, mas como a cocaína estava me dominando, cumprir com as obrigações não era mais uma prioridade. Minha vida estava fora de controle!

Durante esse período, minha namorada e eu ainda conversávamos ao telefone quase todos os dias. Nem ela nem ninguém da minha família sabiam o quanto eu estava envolvido! Em apenas alguns meses, me tornei um viciado em cocaína, o que abriu a porta para muitos outros dispositivos autodestrutivos que logo tomaram conta de mim.

A pornografia estava no topo da lista. Quer eu fosse a bares de *striptease* ou ficasse boquiaberto com revistas ou assistir filmes pornôs em casa, isso me dominava muito.

Nesse momento, parei de malhar completamente. Bebia em casa se houvesse dinheiro extra. No entanto, se eu tivesse que escolher entre bebida ou cigarro, o cigarro sempre venceria. Vai saber.

Meu relacionamento com meu colega de quarto era, na melhor das hipóteses, horrível. Passamos de melhores amigos a completos estranhos.

Certa manhã, depois de acordar no meio de um nevoeiro, notei um bilhete na porta da frente quando estava saindo para trabalhar. Era minha nova vizinha. Ela me acusou de bater no carro dela e queria que eu arcasse com os danos. Desci até o estacionamento para inspecionar os dois veículos, enquanto me questionava o que havia feito na noite anterior.

Fiquei aliviado ao ver que não houve danos ao meu carro. Nem mesmo um arranhão. Rapidamente concluí que não havia alguma maneira de meu carro ter batido no dela. Não houve um único arranhão no meu carro.

Pedi ao meu amigo Paul que fosse até minha casa depois do trabalho para inspecionar os dois carros. Ele concordou e rapidamente concluiu que não havia como meu carro ter feito isso. Ele me disse para não me preocupar com isso. Ele disse que ela estava apenas tentando me culpar por algo que havia feito.

Embora tivesse certeza de que não tinha feito nada de errado, fiquei extremamente paranóico morando sozinho em Los Angeles. Eu não tinha seguro de carro, meu emplacamento estava prestes a vencer, minha ética de trabalho estava ruim, na iminência de ser despejado e não tinha mais dinheiro para cuidar de minhas responsabilidades.

Além disso, sempre tive medo de que a polícia batesse à minha porta a qualquer momento e, se eu não mudasse logo, acabaria preso ou morto. Era hora de sair de Dodge!

Eu disse à minha namorada que queria voltar para a Filadélfia, para que pudéssemos finalmente começar nossas vidas juntos. Ela estava tão animada por eu voltar para casa, mas não tinha ideia do homem que me tornado em apenas um ano.

Mais uma vez pedi ao meu pai que viajasse de costa a costa comigo. Eu disse a ele que desta vez voltaria para casa para sempre. Ele ficou satisfeito porque realmente amava minha namorada e queria nos ver juntos.

Depois de ligar para o trabalho e tirar uma folga, ele voou para o aeroporto LAX e dois dias depois estávamos voltando para Filadélfia.

VOLTANDO PARA A FILADELFIA

Satanás sempre parece me atentar mais quando estou sozinho. Os primeiros seis meses que passei na Califórnia foram incríveis. Eu estava com meu irmão gêmeo. Ele foi o melhor parceiro que eu poderia pedir.

No último ano, sozinho, dei uma volta total. Comecei a fazer coisas que nunca teria considerado se estivesse em meu juízo perfeito. De repente, essas coisas autodestrutivas estavam me consumindo por dentro e começando a definir quem eu era.

Resumindo, eu odiava quem estava me tornando no último ano em que morei em Hollywood, Califórnia, e precisava seriamente de um recomeço.

Minha namorada foi a resposta. Como todo mundo em casa, ela não sabia nada sobre meu vício em cocaína. Com a ajuda dela, mesmo que ela não soubesse, eu pararia de usar drogas, fumar, beber e assistir pornografia.

Meu pai e eu partimos para a Filadélfia em fevereiro de 1987. Eu disse à minha namorada que tentaria voltar a tempo para o aniversário dela que seria em menos de uma semana. Papai e eu tivemos outra viagem memorável juntos. Tudo sempre estava bem quando ele estava por perto. Ele tinha um jeito de me fazer sentir seguro e protegido. Ele era uma pessoa muito responsável nesta fase de sua vida e eu estava tão orgulhoso dele.

Quanto a mim, tinha esquecido o que significava ser responsável. Antes de sair da Califórnia, solicitei transferência para um restaurante na Filadelfia. O nome da rede em que trabalhava era Specialty Restaurants. Seus restaurantes eram temáticos, localizados em todo o pais e faziam bastante sucesso naquela época.

Felizmente, eles foram capazes de atender ao meu desejo. Em vez de trabalhar no nordeste da Filadélfia – onde fiquei com meus pais até me estabelecer, fui transferido para um restaurante no centro da Filadélfia, em um navio chamado Moshulu, em Penn's Landing, no rio Delaware.

Meu pai e eu voltamos da Costa Oeste para casa bem a tempo para a festa de aniversário da minha namorada. Esta foi a primeira vez que a vi em mais de um ano. Ela estava ótima. Apenas uma olhada e senti que fiz a coisa certa ao voltar para casa.

Antes de me apresentar para o serviço, tirei uma semana de folga, para que minha namorada e eu pudéssemos colocar as coisas em dia. Aproveitamos ao máximo.

Além de comprar meus novos uniformes de trabalho, todo o resto era hora para ficar junto dela. Também conheci muitos de seus amigos. Embora tivéssemos pouco em comum, eu gostava deles e acredito que eles também gostavam de mim.

A vida estava começando a melhorar! Fiquei livre da cocaína durante toda a semana e este foi o período mais limpo que fiquei em cerca de um ano. Não só isso, eu estava nutrindo meu corpo adequadamente e começando a me sentir bem comigo mesmo.

MEU NOVO TRABALHO

A gerente geral do Restaurante Moshulu sabia que eu trabalhava bem e que poderia tirar vantagem de mim. Conheci Pam quando trabalhei para ela em outro restaurante no nordeste da Filadélfia.

Pam era uma gerente sem brincadeira. Sem meu conhecimento e para manter os demais funcionários atentos, ela disse a todos no navio que eu havia sido transferido de um dos restaurantes da Califórnia, que conhecia o proprietário e que apresentaria um relatório a ele.

Na verdade, era tudo mentira. Embora eu tenha trabalhado com o filho do proprietário, não conhecia pessoalmente o pai dele.

De qualquer forma, meu primeiro dia no navio foi um pouco incomum. Normalmente, eu me encaixava perfeitamente, mas desta vez todos estavam agindo de forma estranha para comigo. No dia seguinte, alguém perguntou se eu era espião da empresa. Eu disse a eles que não e perguntei: "Por que você me faz essa pergunta?"

Ele me contou as coisas que Pam havia dito aos funcionários e apenas ri, dizendo: "DEIXE OS BONS TEMPOS ROLAREM!"

Era como música para seus ouvidos! Mais uma vez, eu era a estrela da festa. Não demorou muito para descobrirmos que o navio era um enorme refúgio de drogas. Após meu turno acabar, eu iria para a 2a Avenida tomar uns drinks com meus novos amigos. A Segunda Avenida é composta por vários restaurantes e bares localizados na região de Center City, Filadélfia.

Este era o lugar ideal para os trabalhadores do restaurante que queriam relaxar depois de servir os clientes a noite toda. Alguns bares tinham casas noturnas em andares superiores que ficavam abertas até as 6h.

Como só saíamos do trabalho entre 23h e 23h30, essas boates passaram a fazer parte de nossa rotina. Foi lá que fui reintroduzido a cocaína, obrigando-me mais uma vez a viver uma vida dupla. Era impossível evitar a substância pulverulenta branca; muitos que trabalharam no navio cheiravam.

Minha namorada e eu tínhamos horários completamente diferentes. Ela acordava às 5h para começar o dia. Na maioria das noites, eu nem estava em casa naquele horário. Quando ela voltou da faculdade de enfermagem, eu estava acordando pós uma longa noite de festa. Além disso, enquanto ela estava livre nos fins de semana, esse era o período mais agitado no meu trabalho.

Dormir no porão da casa dos meus pais me permitia entrar silenciosamente pela porta dos fundos quase todas as manhãs. Não demorou muito, porém, para que meus pais suspeitassem que algo estava acontecendo. Acho que eles pensaram que eu estava bebendo demais.

Outra coisa que minha namorada não sabia era que eu estava constantemente festejando com as garçonetes e as colegas do trabalho. Muitas vezes isso levava a outras coisas.

Os caras do navio também eram bem divertidos. Rapidamente, montamos um esquema para conseguir cocaína. No final do nosso turno, enquanto o restante de nós se ocupava com outras atividades, um de nós saía do restaurante e dirigia até a 18ª Avenida, na Wallace, para trazer cocaína para todos.

O trabalho paralelo que fazíamos era tedioso e demorado. Além disso, éramos examinados com lanternas. Se um copo ou talher tivesse marcas ou impressões digitais, os gerentes nos obrigavam a começar tudo de novo.

Depois de um longo dia de trabalho, estávamos ansiosos para festejar. Quando o entregador voltou com a mercadoria, ficamos todos sorridentes e agradecidos por ele ter voltado em segurança e sem ser pego.

Isso durou algum tempo. Não posso falar por mais ninguém, mas quando a cocaína acabava, sempre pegava mais antes de voltar para casa.

Alguns de nós até tínhamos um golpe para ganhar dinheiro no trabalho, envolvendo o chefe de cozinha e alguns cozinheiros. Geralmente fazíamos isso em festas maiores. Depois de escrever os pedidos à mão, nós entregaríamos aos cozinheiros envolvidos, sem nunca anotá-los nos computadores.

Eles, por sua vez, preparavam a comida e rapidamente se livravam das provas. Quando chegava a hora de pagar a conta, falávamos aos clientes que os computadores estavam com problema, então tínhamos que preencher o cheque à mão.

Eles nunca questionavam isso. Se pagassem em dinheiro, todos os envolvidos recebiam sua parte. Se pagassem com cartão de crédito, éramos obrigados a registrar o pedido. Embora Deus tenha me perdoado por isso, cada vez que relembro esse período extremamente pecaminoso da minha vida, ainda sinto vergonha.

Outra coisa que fizemos e da qual não me orgulho aconteceu numa noite, onde os funcionários foram fumar cigarros. Depois de acendermos, notamos uma bolsa de dinheiro que ainda não havia sido colocada no cofre. Um de nós abriu e encontrou dinheiro dentro. Sem gerentes por perto e sem câmeras nos espionando, não pensamos duas vezes antes de pegar o dinheiro.

No final das contas, havia cerca de US$300 dentro da bolsa, que usamos para comprar mais drogas. Em retrospectiva, mesmo que não tenham sido três milhões de dólares, foi a coisa errada a fazer. De qualquer forma, antes de partir naquela noite, os gerentes perguntaram freneticamente a todos onde estava o dinheiro. Negamos saber alguma coisa sobre isso, mas tenho certeza de que suspeitaram que fosse alguém da nossa equipe.

No dia seguinte, enquanto me preparava para o trabalho, recebi um telefonema de um dos meus amigos. Ele disse: "Não venha trabalhar. A polícia está aqui esperando por você e todos os outros suspeitos do roubo."

Nunca mais pisei naquele lugar. Trabalhei para esta empresa durante vários anos em quatro de seus restaurantes – dois em Los Angeles e dois na Filadélfia. Por causa da minha estupidez, todo aquele trabalho duro foi por água abaixo. Eu não era mais nada para meus patrões e com razão. Embora as pessoas com quem trabalhei fossem tão culpados quanto eu, eu era o único culpado por minhas ações tolas.

Felizmente, nunca tive notícias da polícia...

De repente, sem emprego, tive que pensar em uma boa mentira para contar aos meus pais e namorada. Não me lembro qual mentira contei, mas funcionou.

Logo percebi que ter um bolso cheio de dinheiro e as chaves de um carro era uma combinação perigosa para mim. Então, decidi voltar a trabalhar como chefe de cozinha. A esperança era que, ao receber um contracheque toda semana, ao invés de dinheiro todas as noites, eu fosse um pouco mais responsável.

Como você verá em breve, não demorou muito para descobrir que, quando viciado em cocaína, encontraremos todos os meios necessários para obtê-la.

Mas, diferentemente do que acontecia na Califórnia, agora que estava de volta com minha família, precisava continuar encobrindo meus rastros.

HORA DE CASAR

Comecei a trabalhar no *Nick's Roast Beef House* como cozinheiro. Mais uma vez, rapidamente me tornei o centro das atenções.

Como eu já falei antes, o horário de trabalho da minha namorada era diferente do meu, então a maior parte das minhas farras passava despercebida por ela. Eu tinha meu próprio apartamento naquela época, não precisava mais me preocupar em entrar ou sair discretamente de casa.

O problema é que eu não estava pagando as contas, em questão de meses, fui despejado do apartamento.

Foi também nessa época que descobri que minha namorada estava grávida. Decidimos que, com a chegada do bebê e sabendo que em breve nos casaríamos, eu deveria morar com ela. Meus pais foram os primeiros a saberem da gravidez. Eles sabiam que nos amávamos, mas acredito que tinham ressalvas quanto ao casamento e ao fato de me tornar pai. Morei na casa deles o suficiente para que eles soubessem que eu tinha um problema. Eles simplesmente não sabiam o que era.

Os pais dela, por outro lado, ainda não sabiam sobre a gravidez e meu vício crescente. Quando informamos que estávamos esperando um filho, eles ficaram entusiasmados.

Era hora de casar. Sabendo que minha namorada não queria aparecer vestida de noiva – ela não queria que todos soubessem que estava grávida – tínhamos muito pouco tempo para planejar.

Fomos para o curso de noivos e planejávamos nos casar na paróquia que ela frequentava, mas quando souberam da gravidez dela, disseram que não seria possível.

Isso não me agradou. A igreja afirma que o aborto é um pecado, e é, mas queríamos fazer a coisa certa e casar antes do bebê nascer, mas eles não quiseram nos casar na sua igreja. Felizmente, um padre que conhecíamos de outra igreja católica nos recebeu de braços abertos. Enquanto planejávamos nosso casamento, que aconteceria em quatro meses, fui promovido no trabalho.

O proprietário do *Nick's Roast Beef House* me convidou para ser o chefe de cozinha de seu outro restaurante. Aceitei a sua proposta e o agradeci por acreditar em mim. Trabalhei muitas horas, principalmente no início, reorganizando a cozinha ao meu gosto.

Eu me destaquei na criação de itens no menu e pratos diários da casa. Se não fosse pelo meu grave problema com a cocaína – do qual ninguém no trabalho sabia – minha vida teria sido perfeita.

Minha futura esposa vinha ocasionalmente almoçar ou jantar comigo. Ela adorava estar grávida, estava radiante e nunca reclamava de nada. Agora que morávamos juntos, eu tinha que prestar contas de meu dinheiro, tempo e ações.

Eu estava sempre exausto, mas trabalhava duro apesar de tudo. Era um bom mentiroso, poderia encobrir qualquer coisa. Eu ligava para minha futura esposa no final do meu turno, afirmando que sairia do trabalho em cerca de uma hora. Queria dar boa noite e dizer que a amava porque sabia que ela precisava acordar cedo.

No momento em que se encerrava a ligação, eu saía para comprar cocaína para levar para casa. Na maioria das vezes, ela já estava dormindo quando chegava. Eu dava um beijo nela, tomava banho e depois pintava o sete sozinho. Bem patético, né?

Esse era o meu objetivo, mas na maioria das vezes, nunca acontecia dessa forma.

Durante esse período, meu uso de cocaína estava sob controle. Eu realmente pensei que por causa do meu futuro casamento, de um filho a caminho e do meu novo emprego, que eu realmente amava, me ajudariam a parar de consumir. Essa mentalidade foi uma armadilha fácil.

O tempo realmente passou rápido e, antes de eu perceber, já era hora do casamento. Minha despedida de solteiro foi ótima. Não havia strippers, nem bebidas, nem drogas. Meus irmãos e eu fomos a um jogo de futebol dos *Eagles*, jantando em seguida.

Na noite anterior ao meu casamento, meu irmão gêmeo e eu saímos para beber. O que ele não sabia é que eu também estava drogado; certamente não é uma boa maneira de entrar no sagrado vínculo do matrimônio!

Como você pode imaginar, me senti tonto na manhã seguinte, mas o efeito passou gradualmente. Tivemos uma linda cerimônia de casamento seguido de uma festa. Melhor ainda, estávamos indo para o Havaí para uma lua de mel de duas semanas. A vida era simplesmente perfeita.

Como presente de casamento, um grande amigo meu pagou por uma limusine que nos transportou para todos os lugares que fomos naquele dia. Seu generoso presente também forneceu serviço de limusine para o aeroporto dois dias depois e no retorno, quando nossa lua de mel terminasse.

Foi um presente de casamento generoso, com certeza.

Nossa lua de mel começou em Honolulu, na ilha de Oahu. Já tendo estado no Havaí, eu sabia muito bem onde levar minha esposa para passear.

Passados cinco dias da nossa lua de mel, eu estava ficando impaciente e queria cocaína. Certa noite, depois que minha esposa adormeceu, caminhei pela praia de Waikiki perguntando às pessoas onde poderia comprar cocaína. Ninguém me ajudou. Tenho certeza de que muitos pensaram que eu era policial.

Depois de um tempo, cansei-me e voltei para o hotel, onde encontrei minha esposa acordada e me perguntando para onde eu tinha ido. Eu disse a ela que não conseguia dormir e dei um passeio na praia. Como sempre, ela acreditou em mim. Deitado na cama naquela noite, percebi que provavelmente não conseguiria comprar cocaína no Havaí. Aceitei e aproveitei o resto da nossa lua de mel.

Na segunda semana, fomos à praia de Kaanapali, na ilha de Maui. Nós nos divertimos muito, absolutamente incrível!

No dia em que voltamos para Filadélfia, chegamos ao aeroporto de Oahu, despachamos nossas malas e fomos tomar café da manhã. Depois do café da manhã, fomos ao nosso portão e descobrimos que o avião já havia partido. Pior ainda, nossa bagagem foi despachada no avião.

A companhia aérea nos reservou outro voo para casa. Acontece que pousamos na Filadélfia duas horas antes de nossa bagagem chegar. Como tínhamos uma limusine nos esperando, falei para minha esposa não se preocupar, assim que chegássemos em casa, eu pegaria nosso carro para pegar a bagagem.

Estávamos exaustos depois do longo voo, mas ela estava grávida e precisava descansar, então concordou. Além disso, sabíamos que nossos pais provavelmente estariam nos aguardando para saber tudo sobre nossa viagem. Com certeza, eles estariam lá em casa.

Depois de dizer aos nossos pais que nossa bagagem estava em outro vôo, eu disse a eles para fazerem café e eu pegaria rosquinhas na volta do aeroporto. Sendo assim, poderíamos todos assistir nossos vídeos de lua de mel juntos.

O que não contei a eles foi que faria uma parada rápida no caminho para comprar cocaína. Pensei que eu iria cheirar mais tarde naquela noite, quando nossos pais fossem embora, depois que minha esposa adormecesse.

No momento em que segurei a sacola na mão, tudo mudou bruscamente. Eu estava tão entusiasmado que cheirei um pouco no momento em que o recebi.

Cheguei em segurança ao aeroporto. Depois de colocar a bagagem no carro, fui embora. Antes que eu percebesse, parei o carro no acostamento e cheirei outra grande linha de cocaína. Foi então que a paranóia entrou em ação. Não querendo levantar suspeitas para minha esposa ou nossos pais, decidi dirigir sem rumo até que a euforia passasse.

Antes que eu percebesse, eu tinha cheirado tudo e precisava de mais, e só cheguei em casa três dias depois! Isso mesmo. Isso não é um erro de digitação. Eu realmente disse, três dias depois!!!

Como você pode imaginar, minha paranóia e vergonha atingiram níveis nunca antes experimentados. Fiquei dizendo para mim mesmo: "O que vou fazer?!" Mas em vez de voltar para casa e encarar a situação, como qualquer viciado, dirigi até as áreas mais decadentes da Filadélfia para comprar mais cocaína.

Já era ruim o suficiente ir a esses lugares quando eu não estava drogado. Ir para lá chapado me deixou ainda mais paranóico. Vi o sol nascer duas vezes e se por três vezes naquela fuga. Meu pai e minha esposa ligavam para hospitais e prisões à minha procura. Fiquei com muita vergonha!!

Finalmente, quando fiquei sem dinheiro, fui para casa enfrentar a situação. Nossos pais estavam lá esperando por mim! Não havia como escapar dessa. Esse foi o primeiro sinal vermelho que seus pais viram em mim. E foi um baita alerta! Se isso tivesse acontecido antes de nos casarmos, talvez não tivesse havido casamento...

Depois do pesadelo no aeroporto, voltei ao meu trabalho. Trabalhei muitas horas tentando deixar tudo para trás, mas nada mudou. Assim como antes de nos casarmos, eu ligava para ela dizendo que iria embora em mais ou menos uma hora, quando na verdade, já tinha terminado.

Se ela sabia que eu estava mentindo, ela não estava dizendo nada... pelo menos não ainda. Tentei aproveitar nosso tempo juntos nas minhas noites de folga, mas às vezes eu brigava com ela propositalmente, só para poder sair de casa e ficar chapado.

TEMPO DE CONVULSÃO

Dois meses após nossa lua de mel, discuti com minha esposa e saí de casa furioso. Depois de comprar cocaína, fui para a casa de uma amiga, que por acaso era uma das garçonetes do trabalho. Eu disse a ela que minha esposa e eu estávamos discutindo e que precisava desabafar.

Ela tinha uma filha pequena que não merecia me ter em sua casa chapadão, além de estar usando cocaína no banheiro. Embora ambas não soubessem disso, foi uma tolice da minha parte.

Depois que a cocaína acabou, eu precisava de mais. O problema era que os adesivos de inspeção do meu carro estavam vencidos, então perguntei se poderia pegar o carro dela emprestado para ver minha esposa. Eu disse a ela que me sentia mal com a briga, mas tinha medo de dirigir meu carro por causa dos adesivos vencidos.

"Claro, sem problemas", disse ela.

Depois de outra farra de três dias, tive uma convulsão induzida por cocaína enquanto dirigia o carro dela. Desmaiei e o carro só parou quando bateu na frente da casa de alguém. O carro dela foi completamente destruído.

Tudo que me lembro foi de acordar em um hospital e ver um policial esfregando minhas mãos. Depois de perguntar o que tinha acontecido e por que eu estava ali, ele me disse que tive um ataque induzido pela cocaína e caí na frente de uma casa. Ele afirmou que ninguém ficou ferido e que quando os médicos me injetaram adrenalina, comecei a atacar a polícia.

Eu estava consternado porque não lembrava de nada disso. Esperei que ele dissesse: "Michael Higgins, você está preso por tais e tais acusações", mas isso nunca aconteceu.

No mínimo, eu deveria ter sido autuado pela Lei Seca. Ele disse: "Michael, você vai ficar bem. Sua esposa e seu pai estão a caminho para levá-lo primeiro para um centro de desintoxicação, seguido por um programa de reabilitação residencial de 28 dias."

No caminho para o centro de desintoxicação, meu corpo estava pesado; Eu estava tonto. Três dias depois, fui para a reabilitação. Fiquei livre da cocaína por três dias. Era início de novembro e eu estava começando a me sentir um pouco melhor.

Após o incidente no aeroporto, meu relacionamento com os meus sogros ficou tenso, especialmente com minha sogra. Meu pai, por outro lado, me disse para não me preocupar com nada, exceto conseguir ficar um dia limpo.

Ele disse: "Neste momento, nada mais importa".

Então foi isso que eu fiz. Na reabilitação, me apaixonei mais pela minha esposa por ser tão compreensiva. Eu já a fiz passar por tanta coisa. Mal podia esperar até o dia da visitação. Mais importante ainda, eu mal podia esperar para voltar para casa com ela como um novo homem e marido.

Fiquei animado sabendo que esperávamos nosso primeiro filho em cerca de dois meses. Certa noite, escrevi aos pais dela uma carta longa e sincera, informando-lhes que eu era um péssimo marido e genro. Pedi-lhes que, por favor, me perdoassem e que eu era um homem mudado. Eu não tinha ideia de que tipo de reação eu teria.

Sua mãe chorou ao ler a carta.

Saí da reabilitação no início de dezembro. Minha esposa me pegou e saímos para comer. Quando chegamos em casa, ficamos surpresos. Quando minha esposa veio me buscar, seus pais foram até nossa casa, montaram uma árvore de Natal e encheram o quarto de presentes. Comecei a chorar. Esse foi um dia incrível.

Comecei a frequentar as reuniões de Narcóticos Anônimos (N.A.) todos os dias. Eu perdi meu emprego. Mais uma vez, mais um trabalho com grande potencial por água abaixo. Eu tinha um bom relacionamento com o proprietário, mas agora ele não queria falar comigo. E minha amiga garçonete me odiava. Felizmente, conseguimos comprar outro carro para ela.

Com tanta coisa acontecendo, decidi não trabalhar por um tempo. Eu precisava concentrar toda a minha atenção na minha recuperação e na preparação para o nascimento do nosso filho em apenas algumas semanas...

O NASCIMENTO DO NOSSO PRIMEIRO FILHO

As festas de final de ano foram incríveis pelo fato de eu estar limpo e sóbrio há quase dois meses, estávamos cada vez mais entusiasmados com o nascimento do nosso filho. A data prevista do parto era 25 de janeiro. Naquela época, por opção, não sabíamos se era menino ou menina.

Em meados de Janeiro, eclodiu a primeira guerra do Golfo no Oriente Médio. Além de ir às minhas reuniões diárias do NA e preparar o quarto do bebê, eu não conseguia parar de assistir à cobertura da guerra na CNN. Meus olhos estavam fascinados pelo que viam. Foi fascinante, mas assustador e preocupante de se ver.

Todas as noites, antes de dormir, eu me ajoelhava em frente ao berço e agradecia a Deus pela minha vida e pelo bebê que logo nasceria. Este foi realmente o melhor momento da minha vida até aquele momento.

Todos me diziam como eu estava bem e como estavam orgulhosos de mim, inclusive os pais dela.

A vida era boa, estável...

Em uma noite fria e chuvosa no final de janeiro, a bolsa da minha esposa estourou. Enquanto ela se preparava para ir ao hospital, fiz as ligações necessárias para familiares e amigos.

Sendo este o primeiro neto de ambos os lados da família, muitos familiares e amigos juntaram-se a nós no hospital.

No dia 31 de janeiro, após dezenove horas de trabalho de parto, ela deu à luz um filho. Até aquele momento, foi realmente o melhor sentimento da minha vida. Quando meu filho nasceu, as enfermeiras me deixaram levá-lo até a sala de espera para apresentá-lo a todos.

Tentei dizer: "É um menino", mas em vez disso comecei a chorar, o que levou a enfermeira a fazer o anúncio para mim.

Todos ficaram muito felizes. Alguns até choraram comigo.

No dia seguinte fui a uma loja de departamentos comprar um roupão para minha esposa. Uma mulher mais velha se aproximou de mim e disse: "Você acabou de ter um filho, não foi?"

"Sim. Como você sabia?"

Ela respondeu: "Cara, você está com toda pinta".

Isso me surpreendeu. No mesmo dia levei pastéis para a equipe de enfermagem agradecendo por tudo que fizeram por nós. Eles responderam dizendo: "Não, obrigado. Suas expressões foram inestimáveis."

As coisas não poderiam ter sido melhores; Na verdade, pensei que estava curado do meu vício em cocaína...

ESGOTADO COM O SETOR DE RESTAURANTES

Quando trouxemos nosso filho para casa, eu tinha uma nova carreira me esperando sempre que estivesse pronto para começar. Na verdade, foi uma oportunidade de negócio com a qual meu irmão gêmeo se envolveu, com uma empresa de marketing de rede chamada Associados da Segurança Nacional (NSA).

Depois de alguns meses no mercado, meu irmão abriu seu próprio escritório. A energia que reverberava naquele lugar era sempre positiva. Exatamente o que eu precisava. Me destaquei imediatamente e comecei a ganhar dinheiro desde o primeiro dia. Eu adorava ir lá pela manhã, seguido de reuniões da NA à noite. O resto do dia era aproveitado com minha esposa e filho.

Rapidamente me tornei um dos líderes do escritório. Meu irmão me encarregou de cobrar as taxas administrativas. Os representantes em tempo integral pagavam US$ 350 por mês pelo uso de um escritório profissional que incluía mesa, treinamento em liderança, café, serviços públicos e assim por diante.

Naquela época, eu estava limpo fazia cinco meses. Fiquei honrado por ter recebido uma responsabilidade tão grande. Eu me senti ótimo nesta fase...quase invencível.

No mês seguinte, enquanto eu estava cobrando o aluguel da mesa, aconteceu: em vez de pagar com cheque, um dos associados me deu US$350,00 em dinheiro. Imediatamente, o dinheiro na mão acordou o tigre adormecido dentro de mim. Eu estava indo atras das linhas e não fui encontrado em lugar nenhum por dois dias.

Quando o dinheiro e a cocaína acabaram, era hora de enfrentar a situação novamente. Minha casa estava cheia de familiares. Todos ficaram desapontados comigo mais uma vez. Eles me lembraram que eu tinha uma esposa e um filho para cuidar e que precisava me recompor.

Mais uma vez, tudo pelo que lutei desmoronou assim. Por mais que tenha me sentido bem durante aqueles seis meses, não poderia ter me sentido pior nesses dois ou três dias. Senti vergonha de estar perto até do meu filho, que sempre me amou, não importando com o que acontecesse. A confiança que construí desapareceu.

Minha esposa, que Deus a abençoe, ainda escolheu ficar ao meu lado. No entanto, muitos no escritório começaram a me tratar de maneira diferente. Além disso, meus cheques diminuíram para praticamente nada nos meses seguintes. Continuei trabalhando em meus negócios e indo para as reuniões da N.A., sem ser de forma regular. Minha maior tarefa era tentar blindar meu uso de cocaína de todos os demais.

Quando fiquei sem dinheiro, procurei amigos dizendo que meu carro quebrou e que precisava de dinheiro para pagar um guincho. Ofereci-me para lhes dar cheques pessoais que teriam sido devolvidos caso tivessem sido depositados. A maioria me deu dinheiro sem qualquer amarra.

TEMPO DE CONVULSÃO NOVAMENTE

Menos de um ano depois da minha primeira convulsão induzida por cocaína, sumi vários dias. Com muito medo de voltar para casa, dirigi centenas de quilômetros dentro e ao redor da Filadélfia, comprando cocaína até meu dinheiro acabar.

Mais uma vez, acordei no mesmo hospital sem saber quem eu era, por que estava lá ou o que tinha feito dessa vez.

Mais uma vez, havia um policial da Filadélfia no meu quarto esfregando minha mão e dizendo: "Você vai ficar bem".

Quando finalmente recuperei a consciência, o policial gentil me disse que eu tive um ataque induzido pela cocaína e que bati em vários carros que estavam estacionados com meu carro alugado.

Ele me contou que testemunhas disseram que depois de bater em alguns carros de um lado da rua, eu fiz a mesma coisa do outro lado, parecendo uma máquina de *pinball*. A única coisa boa que ele disse foi que eu não atingi, nem matei ninguém. Graças a Deus. Se isso tivesse acontecido, eu não teria sido capaz de viver comigo mesmo.

De qualquer forma, a vergonha que senti foi avassaladora.

Nesse ponto, meus sogros estavam de saco cheio comigo. Eles já estavam fartos. Daquele momento em diante, nunca mais me senti confortável perto deles. A confiança se foi.

Minha esposa, por outro lado, embora não confiasse em mim, ainda estava disposta a lutar comigo. Mas só se eu concordasse em ir às reuniões diárias, houvesse o que houver. Concordei com a condição dela, mas não passou de uma ação desesperada da minha parte.

Eu amava minha esposa e queria continuar casado com ela, mas meu vício era tão forte que não conseguia parar. Na maioria das vezes, quando eu deveria estar nas reuniões do NA, eu estava procurando cocaína.

Não demorou muito para ela perceber o que eu estava fazendo. Ela sabia quando eu estava chapado só de olhar nos meus olhos. Chegou onde ela me levou para as reuniões. Quando ela não podia, ela passava para ver se meu carro estava lá ou não.

Ela estava grávida de nosso segundo filho na época e cuidava de outros dois bebês, nosso primogênito e eu. Ela não merecia o que eu a fiz passar. Quando nosso primeiro filho nasceu, eu estava limpo e sóbrio. Quando nosso segundo filho nasceu, tenho certeza que não.

Nosso matrimonio estava bastante turbulento nessa época. Minha esposa trabalhava no turno da noite das 19h às 7h. Um dia, antes de voltar do trabalho, comprei um pouco de coca sabendo que ela estaria no trabalho. Eu fazia isso muitas vezes na esperança de ter o suficiente para durar a noite toda.

Numa noite em particular, deixei as crianças em casa. Enquanto elas dormiam em suas camas e depois dirigi 30 minutos em cada sentido para comprar mais cocaína.

Você poderia pensar que uma vez seria suficiente, mas meu vício era tão forte que fiz isso em algumas ocasiões. Eu sempre voltava para casa antes que as crianças acordassem ou minha esposa chegasse do trabalho.

Mas não esta noite...

No caminho para casa, dizia a mim mesmo que não conseguiria chegar em casa antes de minha esposa. Dirigi pela vizinhança várias vezes me perguntando se ela estava em casa ou não. Como ela sempre estacionava o carro na garagem, eu não tinha como saber.

A paranóia continuou a tomar conta de mim, a tal ponto que dirigi pela cidade por mais algumas horas, antes de finalmente decidir voltar para casa para enfrentar minha esposa. Quando cheguei, meus sogros estavam lá. Na mesa da sala estavam as revistas Playboy e *Hustler* que escondi debaixo do sofá, junto com as fitas pornográficas que deixei no videocassete. Fiquei em choque.

Disseram-me que quando minha esposa entrou em casa, as crianças choravam nos berços com as fraldas molhadas. Graças a Deus, nada aconteceu com as crianças quando eu as deixei sozinhas em casa!

Se eu estivesse de consciência plena, nada disso teria acontecido, mas eu era um viciado em drogas e todos sabiam disso.

A essa altura, meus sogros já haviam me descartado completamente. Não é de surpreender que minha esposa também viesse a tomar essa decisão.

Mesmo isso não foi suficiente para me afastar do poder que a cocaína tinha em minha vida. Na verdade, só piorou.

Quando não estava trabalhando, mesmo assim, precisava de dinheiro para comprar drogas, dirigia até as lojas de conveniência Wawa dizendo que meu carro quebrou e que o motorista do guincho só aceitava dinheiro. A solução? Eu precisava que eles descontassem meus cheques, sabendo que só seriam devolvidos depois de depositados.

Claro, eu sabia que passar cheques sem fundos era crime, mas não me importava; meu vício em cocaína era tão forte que nada mais importava para mim, inclusive cometer possíveis crimes. Tudo que eu queria, precisava, era de mais cocaína! Havia pouca diferença entre eu e um viciado em heroína, sabendo que a agulha que ele enfiaria no braço poderia matá-lo ou infectá-lo com AIDS ou algo assim. Não importava...

A maioria das lojas estava disposta a descontar cheques de cinquenta dólares que ia direto para meu nariz. Neste dia lamentável, devo ter ido a cinco lojas diferentes.

Quando saí da última loja de conveniência, vi um carro da polícia no estacionamento. Eu ainda não sabia, mas o policial estava lá me esperado. Enquanto eu me afastava, ele me seguiu por um tempo antes de me parar.

Depois de me dizer que eu estava preso por cheques sem fundo e que iria ficar detido por um longo período, ele me algemou, me colocou na traseira da viatura e me levou até o prédio do Departamento de Polícia de Bensalem.

No caminho, o policial perguntou o que eu estava fazendo com o dinheiro. Olhando para mim pelo espelho retrovisor, ele disse: "Deixa pra lá, posso ver isso em seus olhos".

Milagrosamente, ele não me levou sob custódia. Em vez disso, ele me pediu um número de contato, então dei a ele o número do meu irmão gêmeo.

A última coisa que eu queria era informar era o número da minha esposa. Lembro-me de pensar que meu irmão seria mais compreensivo com a situação do que ela. Com certeza, ele me pegou na delegacia e me disse que tive sorte por eles não apresentarem uma denuncia contra mim.

Mais uma vez, fui para a reabilitação. Minha esposa não me visitou tanto dessa vez. Nesse ponto, seus pais a pressionavam constantemente para me deixar para sempre. Ela ainda estava comigo, mas queria que eu me mudasse até que eu me recompusesse.

Então, fui morar com meu irmão e comecei a frequentar reuniões diariamente. Eu a via e as crianças algumas vezes por semana. Ela morava na Filadélfia e eu agora morava em Nova Jersey.

Voltei a trabalhar no ramo de restaurantes. Este foi o começo do fim do meu casamento. Eu ainda estava mentindo para ela o tempo todo, mas agora ela sabia que não era verdade.

Em pouco tempo, me tornei um fardo para meu irmão e sua namorada, então deixei a casa do meu irmão e me mudei para um motel infestado de baratas e cheio de pulgas, ficando chapado o tempo todo.

Vários meses depois, enquanto eu estava deitado na cama completamente chapado, ouvi uma batida forte na porta. Eu quase sai da minha pele. Eu realmente pensei que eram os policiais vindo me prender. Eu não podia olhar pela janela porque eles me veriam.

As batidas fortes continuaram. Não tive escolha a não ser atender a porta. Não foi a polícia. Eu estava recebendo os papéis do divórcio. Eu estava tremendo muito na frente desse homem. Eu estava tão chapado e não sabia como eles me encontraram ali.

Nunca esquecerei como me senti depois de assinar os papéis. De repente, sem prestar contas a ninguém, parecia que toda a esperança estava perdida...

A essa altura da minha vida, fazia muitos meses que eu não ia a uma reunião do NA. Eu não tinha planos de voltar. Também parei de ir à igreja aos domingos. Não há muitas coisas piores do que a sensação desesperadora de não se importar mais.

Vários meses depois, após outra farra de três dias, sofri outra convulsão induzida por cocaína. Desta vez acabei em um hospital fora da Filadélfia. O médico me contou o que aconteceu. Admiti ter usado cocaína na noite anterior. Por causa da minha honestidade, ele disse que não haveria necessidade de tirar sangue das minhas veias.

A coisa mais humilhante foi ligar para meu irmão para vir me buscar novamente. Eu me senti ainda mais desanimado do que da última vez, você pode acreditar nisso?

Não haveria mais reuniões nem reabilitações, apenas desespero. Eu estava consumindo mais cocaína do que nunca. Muito mais! Eu era como um rato de laboratório sempre precisando da substância pulverulenta branca que destrói famílias!

Em um rolê específico, pensei que seria morto. Dirigi até um bairro perigoso da Filadélfia em busca de cocaína. Sempre me senti mais seguro comprando cocaína à noite, então estar em plena luz do dia me deixou ainda mais paranóico.

De qualquer forma, não havia vagas de estacionamento próximas, então fui forçado a estacionar em outra rua. Havia um campo de beisebol com uma enorme cerca de arame que ocupava todo o quarteirão. Vi meu traficante na outra rua, através da cerca de arame.

Depois de fazer um rolo com ele, voltei para o meu carro e do nada surgiram três hispanos. Eles pularam do carro e colocaram uma faca na minha garganta, levaram minha carteira, as chaves do carro e meu dinheiro. Eles riam de mim enquanto me assediavam.

Meu traficante percebeu e veio em meu socorro. "Devolva tudo que você tirou dele! Tudo", ele gritou. Imagine isso? O homem que acabou de me vender substância e que poderia me matar possivelmente salvou minha vida.

De qualquer forma, quando os três bandidos o viram, parecia que tinham acabado de ver um fantasma. Sem protestar, eles obedeceram às instruções, entraram no carro e partiram.

Balancei a cabeça para ele. Ele acenou de volta. Entrei no meu carro e fui embora. Acredito que aqueles caras teriam me matado se não fosse por ele. Fiquei abalado com a experiência, mas isso não me impediu.

Vários meses depois, após saída de três dias, sofri outra convulsão induzida por cocaína (a minha quarta). Nessa época, eu já havia voltado a morar com meu irmão gêmeo e sua "agora" esposa e filhos. Ele me emprestou seu carro para ir trabalhar. Depois do trabalho, eu estava em um cassino local porque não queria voltar chapado para a casa do meu irmão.

Ao sair do cassino, bati em um poste enquanto estava tendo uma convulsão. Lembro-me de um homem gritando comigo: "Michael! Michael! Michael!" Ele estava batendo palmas. Isso me acordou, mas assim que me colocaram na ambulância, desmaiei de novo.

Quando acordei no hospital, a médica estava no quarto. Depois de perguntar como me sentia, disse a ela que me sentia péssimo porque sabia por que estava ali.

Ela me disse que eu tinha sorte de estar vivo.

Não pensava assim; Eu só queria morrer. Depois de realizar uma ressonância magnética no meu cérebro, ela me chocou ao dizer que não acreditava que eu tivesse convulsões, como alegado. Insisti que os outros hospitais haviam dito que eu tinha convulsões induzidas por cocaína.

Ela perguntou: "Você urinou nas calças outras vezes?" Eu disse a ela que achava que não.

Ela apontou o dedo para cima e disse: "Acho que alguém lá de cima está tentando chamar sua atenção!"

Isso me deu arrepios na época, mas mesmo suas palavras sóbrias não me impediram de usar cocaína...

SEM FÉ

Logo saí da casa do meu irmão e me mudei para um quarto de motel. Eu me tornei um robô com apenas um comando para obedecer: comprar mais cocaína. Tenho certeza que parecia um morto-vivo.

Minha vida se tornou totalmente previsível. Era a mesma coisa todos os dias. Meu nariz estava tão mal por cheirar cocaína que eu precisava constantemente de lenços de papel. Eu mal conseguia sentir o cheiro de alguma coisa. A situação ficou tão ruim que até cheirar cocaína era difícil.

O motel onde eu morava ficava no subúrbio, o que significava que eu tinha que dirigir até a cidade todas as noites para alimentar meu vício. Essa mentalidade, sem falar que eu estava pedindo muito para sair do trabalho, acabou me custando alguns empregos. Isso nunca aconteceu antes do meu vício! Passei de um dos melhores funcionários a, na melhor das hipóteses, medíocre em pouco tempo.

De qualquer forma, naquela véspera de Ano Novo, fui até a cidade para comprar cocaína. Ainda me lembro de como me senti orgulhoso por alcançar meu objetivo distorcido, que era chegar lá antes da meia-noite, apenas para descobrir que meus traficantes regulares não estavam lá. Enquanto comemoravam o Ano Novo com a família e amigos, tudo que eu queria era ficar chapado.

Quando saí do carro, um homem apontou uma arma para minha cabeça e disse: "Me dê todo seu dinheiro."

Tirei o dinheiro do bolso e entreguei a ele.

Ele então disse: "É melhor você cavar mais fundo, cara".

Eu disse a ele que era tudo que eu tinha. Falei: "Leve meu carro se quiser, mas não tenho mais dinheiro".

Ele então disse: "Entre no seu carro agora e vá embora".

Assim que entrei no carro e liguei, ele disparou uma bala para o alto. Que bizarro. Comecei o ano novo com uma arma apontada para a cabeça!

Eu estava tremendo enquanto me afastava, mas superei rapidamente porque não me importava mais. Por que eu deveria?

Perdi meu casamento, meus filhos, a maior parte da minha família, não tinha uma casa para morar e cada dólar que ganhei ou roubei foi direto pelo meu nariz.

A ideia de uma bala atravessando minha cabeça era quase reconfortante! Era a mesma rotina maluca todos os dias. Eu frequentemente questionava a Deus: "Por que isso está acontecendo comigo? Eu sou um cara legal! Não consigo entender isso."

Meu vício era tão ruim que eu não tinha condições de dirigir um carro, muito menos trabalhar lidando com clientes. Eu raramente dormia. Eu era realmente uma alma perdida, sem esperança à vista. Havia me transformado em um mentiroso, ladrão, indigno de confiança e adúltero.

A pior parte foi que aceitei esse estilo de vida sem escrúpulos.

Ocasionalmente, meu irmão vinha comer com seus amigos onde eu trabalhava. Um homem, um bom amigo chamado Charles, sempre perguntava se poderia orar por mim. Eu sempre dizia sim, e ele impunha as mãos sobre mim e orava ali mesmo no restaurante.

Por puro constrangimento, em vez de fechar os olhos, examinei o restaurante para ver quem estava olhando para nós.

Quando terminava de orar por mim, ele costumava dizer: "A fé do tamanho de um grão de mostarda pode mover montanhas".

Eu não tinha ideia do que ele estava falando, mas sempre lhe agradecia por orar por mim. Mesmo depois de tudo isso, nada parecia mudar. Quando eles saíam eu voltava às mesma práticas.

Isso durou muitos anos.

Minha família ficou esperando uma ligação do legista.

MAS DEUS...

TERCEIRA PARTE: MINHA VIDA DEPOIS DA COCAINA

MEU MOMENTO DE ALELUIA

Alguns anos antes de Jesus me libertar do vício em cocaína, eu O recebi genuinamente como meu Senhor e Salvador. Eu estava viajando com meu irmão gêmeo e até fui à igreja com ele.

Depois de ouvir um sermão que acredito ter sido pregado só para mim, o pastor fez um apelo. Com lágrimas escorrendo pelo meu rosto, me arrependi dos meus pecados e confiei em Cristo aceitando o como meu Senhor e Salvador.

Eu tive a sensação mais incrível internamente. Era diferente de tudo que eu já havia encontrado antes.

Pela primeira vez na minha vida, senti o Espírito Santo vivendo dentro de mim. Eu me senti seguro. Comecei a ver mudanças em minha vida que só poderiam ser atribuídas ao Espírito Santo. Uma dessas mudanças foi que comecei a ouvir música cristã. Viajar muito com meu irmão e sua esposa me forçou a me comportar.

O problema era que eu ainda era viciado em cocaína. Isso significava que eu não estava agindo como deveria. Ao retornar daquelas viagens, em vez de ler a Bíblia ou ir à igreja, ia para as minhas escapadas. Envergonha-me confessar que mesmo depois de receber Jesus como Senhor e Salvador eu ainda consumia milhares e milhares de dólares em cocaína.

Embora eu soubesse que estava salvo, o que significava que tinha segurança eterna, nem sempre foi assim. Na verdade, muitas vezes me senti totalmente desesperado por causa da maneira como estava vivendo minha vida, especialmente depois do que Jesus fez por mim na cruz. Dizer que estava devastado pela culpa e pela vergonha seria o mínimo. Apesar de tudo isso, o Senhor continuou me perdoando e aos poucos, foi me transformando de dentro para fora, mesmo que não parecesse. Obrigado, Senhor!

Agora, para o meu Momento de Aleluia – as correntes que quase sufocaram minha vida estavam prestes a serem quebradas! Durante todos os meus anos de dependência, discuti frequentemente com minha esposa e familiares. A maioria das discussões estava relacionada às drogas, mas não todas.

Mesmo assim, sempre que tentei me defender, sempre me disseram que era viciado em drogas e que não sabia de nada. Tive que conviver com isso por muito tempo. Esteja eu certo ou errado, eles sempre deixaram uma coisa bem clara para mim: eu era viciado em drogas.

Um dia, meu irmão e eu estávamos discutindo. Sobre o que, não me lembro. No entanto, depois de tudo, ouvi-o dizer novamente aquelas palavras familiares: "O que você sabe? Você é um viciado em drogas!"

Parei por um instante e disse: "Olhe nos meus olhos. Não uso cocaína há meses." Muitas vezes no passado eu mentia e dizia que não estava drogado, quando na verdade estava. Mas, desta vez, foi verdade.

Naquele momento, fazia tempo que não consumia!
Posso ouvir um ALELUIA?!

Só assim, não tive mais vontade de usar cocaína! Jesus o tirou assim mesmo, num piscar de olhos. Eu sei que parece loucura, mas é verdade. Eu não ia à igreja, nem a reuniões de qualquer tipo; simplesmente aconteceu!

Reconheci imediatamente o milagre. Foi JESUS!
Mais uma vez, posso ouvir um ALELUIA?!

Pense bem, tentei de tudo. Dois programas de desintoxicação, três clínicas de reabilitação, aconselhamento, reuniões de AA, reuniões de NA, reuniões de CA. Muitos estavam prontos e dispostos a fazer qualquer coisa para me ajudar, mas nada funcionou.

Alguns anos antes de me livrar do vício, meu pai me disse que tinha câncer. Ao ouvir isso, fiquei arrasado e decidi ajudar minha mãe a cuidar dele da melhor maneira possível. Quando não estava trabalhando, passava a maior parte do tempo na casa deles. Eu ainda estava lutando contra meu vício.

Além do meu irmão gêmeo, a pessoa que mais se dispôs a me ajudar naquela época foi meu pai. Com muitos anos de sobriedade, ele fez tudo o que pôde para me ajudar, mas eu ainda não estava pronto.

Meu pai sabia o quanto eu estava lutando. Antes de morrer, ele disse: "Michael, olhe nos meus olhos. Posso dizer honestamente que não bebo nem fumo há vinte e sete anos."

Balancei a cabeça me perguntando como diabos ele fez isso? Hoje está claro para mim. Obrigado, Jesus.

Eu só queria que ele ainda estivesse vivo para me ver agora!

Como eu disse anteriormente, no meu caso e no do meu pai, a fruta não caiu longe da árvore. Eu louvo a Deus por isso.

Olhando para trás, enquanto escrevo isto, talvez apenas talvez, Jesus me livrou da cocaína naquele exato momento por causa da minha obediência em cuidar de meu pai quando ele precisava de mim.

Um dia eu saberei...

De qualquer forma, a neblina estava se dissipando e, com o coração cheio de alegria e gratidão, não conseguia parar de agradecer a Jesus por ter mudado minha vida. Mas devido às muitas mentiras que contei no passado, quem acreditaria em mim? Tenho quase certeza de que meu irmão não, mas você poderia culpá-lo?

Meu pai costumava me dizer que *time* (tempo, em inglês) seria uma sigla para:

This (Isso)

I (Eu)

Must (Devo)

Earn (Conquistar)

Resumindo: eu sabia que seria necessário mais do que apenas palavras para que minha família e amigos reconhecessem o milagre em mim. Mesmo que eles ainda não pudessem ver, senti algo que não sentia há muito tempo: paz de espírito.

Fui consolado por João 8:36 que afirma: "Portanto, se o Filho vos libertar, vocês são verdadeiramente livres".

Até hoje, não sei o dia exato em que Jesus me libertou do vício em cocaína. Tudo o que importa é que Ele fez.

Lucas 15:1-7, A Parábola da Ovelha Perdida diz: 1) Agora os coletores de impostos e pecadores estavam todos se aproximando para ouvi-lo. 2) E os fariseus e os escribas murmuravam, dizendo: Este homem recebe pecadores e come com eles. 3) Então lhes contou esta parábola: 4) Qual dentre vós é o homem que, tendo cem ovelhas, e tendo perdido uma delas, não deixa as noventa e nove em campo aberto, e vai atrás daquela que se perdeu, até que ele encontre? 5) E quando o encontra, coloca-o sobre os ombros, regozijando-se. 6) E quando chega em casa, reúne os amigos e os vizinhos, dizendo-lhes: "Alegrai-vos comigo, porque encontrei a minha ovelha que estava perdida". 7) Da mesma forma, eu lhes digo: haverá mais alegria no céu por um pecador que se arrepende do que por noventa e nove justos que não precisam de arrependimento."

Só posso imaginar quantas outras pessoas foram abençoadas por essa parábola, mas, no que me diz respeito, ela foi escrita para mim. Obrigado, Jesus! Obrigado, Jesus! Obrigado, Jesus!

A FÉ DO TAMANHO DE UMA SEMENTE DE MOSTARDA

Como falei antes, muitas pessoas oraram por mim durante este período negro da minha vida. Sou eternamente grato a cada um deles.

Meu irmão gêmeo, Patrick, por quem passei por muitas dificuldades, está no topo da lista. Ele não orou por mim por vinte dias, ou vinte semanas, ou vinte meses, ele orou por mais de vinte anos pela minha libertação da cocaína e para que eu entregasse minha vida a Cristo. De todas as coisas que ele fez por mim, de longe, suas orações superaram em muito todo o resto. Obrigado, mano!

Nosso bom amigo Charles Culmer orou por mim sem cessar. Era ele quem impunha as mãos sobre mim nos restaurantes em que trabalhava, dizendo: "A fé do tamanho de um grão de mostarda pode mover montanhas".

Eu nunca soube o que isso significava naquela época. Agora eu sei.

Obrigado, Charles...

Agora vejo como Deus respondeu às suas orações. Olhando para trás, em qualquer momento durante meus anos de dependência de cocaína, eu poderia ter tido um ataque cardíaco e morrido. Acredite em mim quando digo que meu coração estava fazendo coisas que não deveria fazer. Acabei me acostumando, mas algumas noites eram especialmente assustadoras para mim.

Lembro-me de uma vez que meu coração disparou tão descontroladamente no peito que parecia que algo havia mudado dentro de mim. Eu estava com medo. Foi naquela época que implorei a Deus dizendo: "Por favor, não me leve agora. Não estou pronto para conhecê-lo."

Não consigo me lembrar do dia exato em que pronunciei essas palavras para o céu, mas acredito que foi quando minha "fé do tamanho de um momento de semente de mostarda" se concretizou. Na vontade e no tempo perfeito de Deus, Ele moveu aquela montanha da minha frente chamada cocaína.

Simples assim...desapareceu!

Por mais de 20 anos fui escravo daquela montanha. Eu não conseguia superar, não importa o quanto tentasse. Ele me diria para pular e eu diria: "Quão alto?" Não mais!

Agora só pulo para Jesus! Mateus 17:20 diz: "Vocês não têm fé suficiente", disse-lhes Jesus. 'Eu lhe digo a verdade: se você tivesse fé, mesmo que fosse tão pequena quanto um grão de mostarda, você poderia dizer a esta montanha: 'Mova-se daqui para l ', e ela se moveria. Nada seria impossível."

Acredito de todo o coração que Deus também pode mover montanhas em sua vida, para levá-lo onde Ele deseja que você esteja.

É apenas uma questão de fé.

A pergunta é: Você tem uma fé do tamanho de um grão de mostarda? Se for assim, Deus pode fazer exatamente por você o que fez por mim.

MUDANDO PARA A FLÓRIDA...

Em 2008, meu irmão e eu nos mudamos para a Flórida para iniciar um negócio. Eu estava deixando muita bagagem e problemas na Pensilvânia, sabendo que não havia nada que pudesse fazer a respeito neste momento.

Decidi que começaria do zero e fui com a esperança de que um dia, com a ajuda de Deus, seria capaz de consertar as coisas com as pessoas que magoei. A vontade d'Ele seria feita.

Antes de partirmos, disse a mim mesmo: "Quando chegar à Flórida, pela primeira vez na vida, colocaria toda a minha fé em Jesus". Eu realmente quis dizer isso. Fiquei muito grato por não usar mais cocaína e por estar vivo!

Além disso, também decidi que, a partir daquele momento, me colocaria à disposição para que Jesus me usasse da maneira que Ele desejasse.

Carregamos tudo o que tínhamos em um caminhão de mudança e deixamos o estado da pedra angular (apelido da Pensilvania) em direção ao estado do brilho do sol (apelido da Florida). Que dia longo foi aquele! Demorou oito horas só para carregar o caminhão. Já estávamos exaustos, mas estávamos determinados a partir naquele dia.

Pegamos a I-95 em direção ao sul e dirigimos sem parar durante a noite. Com o plano em ação, comecei a ficar animado em ter um negócio e nunca mais ter que trabalhar em um restaurante.

Em pouco tempo, o nosso empreendimento faliu. Isso não foi uma coisa boa. Você provavelmente se lembra do horrível colapso financeiro de 2008. Agora, isso? Eu contava nunca mais trabalhar no ramo de restaurantes e meu joelho esquerdo adorou ouvir isso.

Quem diria que isso iria acontecer? Tudo o que planejamos e trabalhamos desapareceu. Estávamos há alguns meses no aluguel de um ano de um apartamento muito caro, sem nenhum dinheiro entrando.

Então, fui procurar outro emprego em restaurante. Louvado seja Deus, encontrei um rapidamente em um estabelecimento local.

Infelizmente, depois de alguns meses de trabalho, caí e quebrei o punho. Eu nem sabia que estava quebrado até várias horas depois. Eu estava trabalhando em turno duplo naquele dia. Durante o jantar, eu estava atendendo no bar. Quando alguém pedia uma cerveja, eu não conseguia nem abrir a garrafa.

Meu gerente me disse para ir ao hospital e, uma vez lá, me disseram que meu punho estava quebrado. Este era um momento terrível para isso acontecer. Meus primeiros meses na Flórida não foram melhores do que na Pensilvânia. Era como se Satanás estivesse tentando me puxar de volta para o mundo do qual eu acabara de ser libertado.

Quando o gesso foi removido, alguns meses depois, disseram-me que não estava cicatrizando corretamente e que eu precisava fazer uma cirurgia.

As coisas estavam muito difíceis financeiramente falando, mas minha fé em Deus ainda estava intacta. Eu ia à igreja toda semana e realmente adorava. Ansioso por me tornar uma pessoa melhor, entrei em muitos grupos e aprendi a viver mais como Jesus.

Pela primeira vez na minha vida, finalmente estava saindo com as pessoas certas. Há um velho ditado que diz: "Você pode ficar com os perus ou voar com as águias". Eu estava começando a voar com as águias.

SE NÃO TENS A BIBLIA, LEVE UMA COM VOCÊ

Por causa das minhas sérias dificuldades financeiras, eu me preocupava tanto que não conseguia dormir na maioria das noites. Mas eu estava sempre energizado no domingo porque sabia que iria à igreja. Costumava ser dia de assistir futebol americano, mas não é mais. Não me interpretem mal, eu ainda assistia aos jogos de futebol americano no domingo, mas isso não era mais uma prioridade.

Certo domingo, na igreja, o Pastor David Uth estava ensinando sobre o livro dos Salmos. Perto do final de seu sermão, ele disse: "Se alguém aqui não tem uma Bíblia, leve a que está na sua frente". Eu fiz exatamente isso.

Sendo tão novo em tudo isso, eu não tinha ideia do que era o livro dos Salmos, mas como o Pastor o leu, decidi começar por aí.

É o livro mais longo da Bíblia. Até então, eu não era um leitor. Mas Deus rapidamente mudou tudo isso. Depois de terminar o livro de Salmos, passei para o livro de Provérbios.

Ao me aproximar do final de Provérbios, alguém me disse que Jesus poderia ser encontrado no livro de Mateus. Foi o que li a seguir.

De repente, tudo que eu queria fazer era ler a Palavra. Quanto mais eu lia, mais aprendia como deveria viver minha vida. Eu amava o homem que estava me tornando, apesar dos meus problemas financeiros.

Quando contei a um bom amigo da minha igreja, um homem chamado Gary Haskell, que estava lendo o Evangelho de Mateus para poder aprender mais sobre a vida de Jesus, ele ficou feliz em ouvir isso. Eu disse a ele que estava confuso com as muitas coisas que Jesus fez para cumprir certas escrituras ou profecias, e queria saber como poderia saber a qual escritura ou profeta Mateus estava se referindo.

Gary explicou que se eu tivesse uma Bíblia de estudo, ela me ajudaria a ligar melhor os pontos, por assim dizer. Ele então comprou uma para mim e me desafiou a ler toda, de Gênesis a Apocalipse. Ao fazer isso, ele me garantiu que eu encontraria respostas para todas as minhas perguntas.

Foi exatamente isso que eu fiz. Embora esta nova Bíblia de estudo tenha sido bastante intimidante no início – afinal, ela tinha o dobro do tamanho da minha Bíblia – comecei a ler todos os dias e a pedir a Deus que me desse mais entendimento.

Além disso, jurei a Ele que, por mais rebuscado que a sua palavra pode parecer - Noé vivendo até os 950 anos de idade, por exemplo - em vez de coçar a cabeça em total confusão, eu acreditaria em cada pequena palavra. Achei que era o mínimo que eu poderia fazer depois que Ele me livrou do vício em cocaína.

Antes que de perceber, eu estava acreditando mais e duvidando menos.

No dia 25 de dezembro de 2009 (dia de Natal), terminei de ler a Bíblia inteira. Que jornada! Que dia para terminar! Eu me senti tão abençoado. O Espírito Santo estava realmente se movendo em mim.

Foi uma das maiores sensações da minha vida. Depois de ler a Bíblia, percebi que ela é verdadeiramente a carta de amor de Deus para a humanidade.

Não só isso, é o único livro já escrito em que, quando você o abre, o autor aparece! Toda vez!

Você poderia imaginar ler um livro secular demoníaco e maluco e ter seu autor aparecendo? Não, obrigado! Prefiro que o Rei do Universo apareça e guie meus passos.

Durante minha primeira leitura da Bíblia, algumas palavras e versículos doeram bastante. Eles me acusaram e condenaram, e rapidamente percebi que, se estivesse vivendo nos dias do Antigo Testamento, teria sido apedrejado até a morte ainda muito jovem.

Obrigado, Jesus, por sua misericórdia e graça ilimitadas!

Na segunda vez, destaquei passagens-chave que realmente falaram comigo. Desta vez, terminei de ler no domingo de Páscoa! Incrível! Pense nisso: a primeira vez que terminei foi na celebração do nascimento de Jesus e a segunda vez foi na Sua ressurreição. Quão legal foi isso?!

Agora leio a Bíblia toda uma vez por ano. Eu recomendo que você faça o mesmo. Ao fazer isso, como eu, você aprenderá que, embora seja verdade que a vida de Jesus está registrada no livro de Mateus – e nos outros três Evangelhos – quanto mais você ler e estudar a Palavra, você verá que Ele é está todos os outros livros da Bíblia também, de Gênesis a Apocalipse.

Gostaria de agradecer ao Pastor Uth e Gary Haskell por me fornecerem minhas primeiras Bíblias. Muito do meu crescimento espiritual pode ser atribuído às sementes que vocês plantaram em mim. Deus abençoe VOCÊS DOIS.

MATEUS 25:31-46—O JULGAMENTO FINAL

A passagem bíblica que mais falou comigo foi Mateus 25:31-46. O subtítulo era O Julgamento Final. E vendo que as letras eram vermelhas, eu sabia que Jesus havia falado essas palavras. Eu levei isso muito a sério.

Dizia: 31"Quando o Filho do Homem vier na sua glória, e todos os anjos com ele, então se assentará no seu trono glorioso. 32 Diante dele serão reunidas todas as nações, e ele separará uns dos outros como um pastor separa as ovelhas dos cabritos. 33 E porá as ovelhas à sua direita, mas os cabritos à esquerda.

34 Então o Rei dirá aos que estiverem à sua direita: 'Vinde, abençoados por meu Pai, possuí por herança o reino que vos está preparado desde a fundação do mundo. 35 Porque tive fome e me destes de comer, tive sede e me destes de beber, era estrangeiro e me acolhestes, 36 estava nu e me vestistes, adoeci e me visitastes, estive na prisão e você veio até mim.

37 Então os justos lhe responderão, dizendo: 'Senhor, quando foi que te vimos com fome e te demos de comer, ou com sede e te demos de beber? 38 E quando te vimos estrangeiro e te acolhemos, ou nu e te vestimos? 39 E quando foi que te vimos enfermo ou na prisão e te visitamos?' 40 E o Rei lhes responderá: 'Em verdade vos digo que, quando fizestes isso a um destes meus irmãos mais pequeninos, também o fizestes a mim.'

41 "Então ele dirá aos que estiverem à sua esquerda: 'Afastem-se de mim, malditos, para o fogo eterno preparado para o diabo e seus anjos. 42 Porque tive fome e não me destes de comer, tive sede e não me destes de beber, 43 era estrangeiro e não me acolhestes, estava nu e não me vestistes, estava doente e na prisão e não me visite.'

44 Então eles responderão novamente, dizendo: 'Senhor, quando foi que te vimos com fome, ou com sede, ou estrangeiro, ou nu, ou doente, ou na prisão, e não te servimos? '45 Então ele lhes responderá, dizendo: 'Verdadeiramente, eu vos digo: assim como não o fizestes a um destes pequeninos, a mim não o fizestes.' 46 E irão estes para o castigo eterno, mas os justos para a vida eterna.

Esta passagem mudou completamente a minha vida e, em última análise, ajudou a definir o meu futuro ministério de alimentar os mais necessitados. Para reiterar o que Jesus disse: "Tive fome e ou vocês me alimentaram ou não me alimentaram. Eu estava com sede e você me deu de beber ou não. Eu estava nu e você me vestiu ou não. Eu estava na prisão e você me visitou ou não. Eu era um estranho e você me acolheu, ou você não fez. Eu estava doente e você me visitou ou não." Depois de ler isso, eu disse: "Posso fazer essas coisas".

Mas se eu fizesse isso, eles teriam que ser feitos com amor. Afinal, Jesus disse que o maior mandamento é: "Ame o Senhor teu Deus de todo o coração, alma, mente e força". O segundo mandamento é: "Ame o seu próximo como você ama a si mesmo". Não podemos ser verdadeiros cristãos se não obedecermos a estes dois mandamentos. Se dominarmos esses dois, dominaremos todos eles. Então Jesus deu um novo mandamento aos seus discípulos. Ele disse: "Amai-vos uns aos outros como eu vos amei".

Todos os três mandamentos escritos acima começam com a palavra amor. São mandamentos, não sugestões. Amor é uma palavra de ação. É a evidência da nossa fé em Jesus.

UM PASSO A FRENTE, DOIS ATRAS

Enquanto eu ia fielmente à igreja e crescia no Senhor, parecia que eu estava sendo atacado por todos os lados. Em alguns meses, os dois restaurantes onde eu trabalhava meio período fecharam devido à recessão.

Em Orlando, dependemos dos turistas para manter os negócios funcionando. Mas eles simplesmente não estavam vindo! Isso não poderia ter acontecido em pior momento para mim. Eu mal estava conseguindo sobreviver. Agora isso?

Tive que encontrar outro emprego rapidamente. Normalmente, com toda a minha experiência em restaurantes, encontrar um emprego nunca foi um problema. Eu me inscrevi em todos os lugares. A maioria das pessoas disse que eu era exatamente o que procuravam, mas não podiam me contratar por causa da crise econômica.

Fiquei muito desanimado e com medo de ser despejado nas ruas. Minha cabeça estava a mil, o que sempre foi um lugar ruim para eu estar. Mesmo assim, pela primeira vez na vida, eu estava enfrentando meus problemas em vez de ignorá-los. Outro milagre.

Durante esse período, fui voluntário em minha igreja nas noites de quarta-feira, servindo comida em nosso jantar semanal. Recebi refeições nutritivas e também levei travessas para casa comigo. Esta foi uma grande bênção, considerando minha situação crítica.

O lugar onde eu morava não dava mole. Se o seu aluguel não fosse pago em dia, eles iniciariam imediatamente o processo de despejo. Aconteceu neste mês específico. Estávamos com 10 dias de atraso, então eles colocaram um aviso do xerife na nossa porta dizendo que tínhamos 24 horas para desocupar o local.

O 'velho 'Michael, na sua natureza orgulhosa, nunca pediria ajuda, mas desta vez, por desespero, eu pedi. Felizmente, um amigo da igreja nos salvou. (Se você está lendo este livro, você sabe quem você é, e não posso agradecer o suficiente.)

Isso tirou um peso enorme dos meus ombros, mas não passou de um curativo até o mês seguinte.

Meu amigo, Brian, me ligou da Filadélfia e, depois de contar minha situação, ele me disse que não havia dificuldade no restaurante onde eu trabalhava. Ele disse que adorariam me ter de volta. Depois de contar a situação para minha mãe, ela disse que eu poderia ficar com ela o tempo que precisasse. Eu estava indo mil quilômetros ao norte para trabalhar, procurando não ser despejado na Flórida. Isso foi uma loucura para mim.

Isso me deixou muito triste, principalmente porque eu amava minha igreja e já sentia falta dela antes mesmo de dirigir um quilômetro. Fui tirar uma soneca antes da longa viagem. Quando comecei a cochilar, o telefone tocou. Era um lugar chamado *Pizza Fusion*. Eles queriam que eu fosse para uma entrevista.

Orei: "Senhor, permita que este trabalho me mantenha aqui na Flórida".

Após a entrevista, calculei mentalmente que haveria dinheiro suficiente para me manter lá. Minha tristeza se transformou em alegria instantânea! Obrigado, Jesus! Que sensação! Eu poderia permanecer na Flórida e continuar frequentando minha igreja local!

Outro milagre para mim foi meu horário de trabalho. Normalmente, eu pediria folga aos domingos e segundas-feiras para a temporada de futebol americano. No meu novo emprego, pedi folga aos domingos e quartas-feiras, para poder ir à igreja e continuar como voluntário nos jantares à noite. Eles concordaram com meus desejos.

Isso é o que chamo de crescimento espiritual! Você está percebendo todos esses "pequenos" milagres acontecendo?

TUDO QUE EU QUERO FAZER É SERVIR

Com as coisas se acomodando de forma lenta, mas firme, participei de várias aulas na igreja. Uma aula foi focada no ministério pessoal. Durante quatro ou cinco semanas (esqueci exatamente quantas), discutimos o voluntariado e recebemos nomes e números de ministérios locais que precisavam de assistência.

Um ministério que imediatamente chamou minha atenção foi o Ministério Prisional Boas Novas. Sabendo que a maioria dos homens presos estava lá por causa de drogas – seja para comprar ou vender – eu poderia muito facilmente estar na prisão junto com eles.

A única diferença entre mim e eles é que nunca fui pego. Eu realmente acreditava que era aqui que Deus me queria.

Com isso em mente, preenchi toda a papelada necessária e fui informado que receberia uma resposta dentro de algumas semanas, de qualquer forma.

Eu tinha um emprego de tempo integral que mal pagava as contas, mas ainda assim estava grato. Além disso, eu ia à igreja (e queria estar lá) e fazia trabalho voluntário semanalmente.

Nessa época, eu já era voluntário na igreja há vários meses e realmente adorei. Mas meu novo desejo era ir para a linha de frente e pregar seriamente o que Jesus fez em minha vida. O ministério na prisão me permitiria fazer exatamente isso.

Fale sobre estar nas trincheiras! Eu esperava muito ouvir deles. Todas as quartas-feiras, enquanto trabalhava como voluntário na igreja, eu dizia a mim mesmo: "Esta é a semana em que o pessoal do ministério da prisão vai me ligar".

Várias semanas se passaram e eu ainda não tinha notícias. Isso não me perturbou na época. Eu dizia a mim mesmo: "Talvez na próxima semana".

Mas com o passar do tempo, fiquei cada vez mais desapontado. Não é como se eu tivesse me candidatado ao serviço secreto para um cargo de proteção do presidente; tudo que eu queria era confortar muitos na prisão, compartilhando a Palavra de Deus com eles.

Na semana anterior ao término do curso de ministérios pessoais, fomos informados de que teríamos treinadores individuais designados para nós na semana seguinte. Esta foi minha primeira apresentação a Gary Haskell, o homem que me deu a Bíblia de estudo que mencionei anteriormente.

Na noite em que eu estava marcado para encontrá-lo, ele me ligou. Sua voz era rouca; ele parecia ser da máfia.

Quando atendi o telefone, ele disse: "Aqui é Gary Haskell. Serei seu treinador ministerial esta noite. Estou ligando para ter certeza de que você estará lá, para que não perca meu tempo.

Depois de garantir a ele que eu estaria lá, tomei banho e saí pela porta.

No instante em que conheci Gary, gostei dele. Acho que contei a ele a maior parte da minha vida na primeira meia hora em que estivemos juntos. Tenho certeza de que ele pensou que eu estava louco no início. Mesmo assim, ele ficou comigo.

O Senhor usou Gary durante esse período incerto da minha vida de uma forma muito poderosa e graciosa.

Com o passar das semanas, desenvolvemos uma amizade sólida. Eu me senti confortável em contar a ele tudo o que estava em minha mente; e eu quero dizer qualquer coisa!

Toda semana ele perguntava se eu tinha ouvido alguma coisa do pessoal do ministério penitenciário. Eu balançava minha cabeça negativamente - nenhum telefonema, e-mail ou carta... nada. Tenho certeza que ele viu a decepção em meu rosto. Resumindo: ele sabia que eu estava frustrado.

Sabendo o quanto eu queria oferecer meu tempo com eles, Gary educadamente sugeriu que talvez o ministério na prisão não fosse o que Deus queria pra mim naquele momento e talvez Ele tivesse outros planos para mim. Não fiquei feliz com esse conselho, mas aceitei-o e continuei como voluntário no jantar de quarta-feira à noite.

MEU NOVO PONTO ALTO

Algumas semanas depois, senti no meu coração uma mensagem do Senhor. Ele me chamou para pegar lancheiras, escrever "JESUS TE AMA" nelas, enchê-las com um sanduíche, um pacote de salgadinhos e uma bebida, e ir compartilhar minha "história com Jesus" aos moradores de rua de Orlando. Eu não tinha nenhum dinheiro para fazer isso, mas fiz mesmo assim. Você quer saber por quê? Porque eu não usava mais cocaína!!!

Foi numa quarta-feira em 2009 que decidi fazer isso. Como quarta-feira era meu dia de folga do trabalho e o dia em que me ofereci como voluntário na igreja servindo jantares, foi uma decisão óbvia.

Este foi o dia que o Senhor disponibilizou para eu servi-Lo. Liguei para minha mãe e contei a ela o que Deus havia colocado em meu coração. Depois que expliquei a ela, perguntei o que ela achava e ela disse que achava que era uma coisa boa. Isso realmente significou muito para mim. Achei que ela pensaria que eu estava maluco, como outros, principalmente por causa da minha situação financeira sombria.

Depois de receber a bênção dela, conversei com duas mulheres da igreja e elas disseram que queriam ajudar a colocar o plano em ação.

Quando as colegas da minha turma do Ponto de Partida chegaram, aumentamos o volume da música cristã, preparamos 25 almoços e partimos para o centro de Orlando, sem saber onde estavam os sem-teto. Um homem nos contou sobre um lugar chamado Lake Eola. Eu nunca tinha ouvido falar antes, foi para lá que fomos.

Enquanto dirigíamos para lá, notamos um homem caminhando pela rodovia I-4. Paramos para ver se ele estava bem. Ele disse que estava com calor e sede e precisava de uma carona até Daytona Beach.

Dissemos a ele que iríamos até o Lake Eola e nos oferecemos para levá-lo até lá. Ele disse que seria uma grande ajuda. Quando ele entrou no carro, lhe demos algo gelado para beber e perguntamos se ele estava com fome.

Ele compartilhou conosco que passou as últimas duas noites na prisão e não comeu muito lá.

Demos-lhe um almoço e ele devorou-o, por isso demos-lhe outro. Ele estava realmente grato. Eu sei que parece loucura acolher um completo estranho, e não recomendo ninguém fazer isso no clima incerto de hoje, mas, novamente, algo nos disse para fazer isso. Ele parecia bastante amigável.

Explicamos que iríamos para o Lake Eola. Ele então nos garantiu que encontraríamos muitos moradores de rua por lá. Nós o deixamos e antes de sairmos novamente ele nos agradeceu.

Dissemos a ele que Jesus o amava.

Ele foi a segunda pessoa a me dizer que encontraríamos moradores de rua no Lake Eola. Eu estava ansioso para chegar lá.

Quando chegamos ao parque, vimos moradores de rua por toda parte. Todos os almoços acabaram em poucos minutos!

Dissemos: "Jesus te ama" para cada homem ou mulher a quem distribuímos comida. Eles ficaram muito gratos.

Quanto a mim, pessoalmente, fiquei emocionado e mal consegui me conter. Eu disse: "Obrigado por esse sentimento, Jesus!"

Alguns segundos depois, uma mulher sem dentes veio até mim com um grande sorriso e disse: "Ouvi dizer que você está distribuindo almoço para os sem-teto".

Tivemos que dizer a ela que já tínhamos distribuído tudo. Isso realmente partiu meu coração, mas ela nos disse para continuarmos com o bom trabalho.

Foi nesse momento que decidi que faria cinquenta almoços na semana seguinte e em todas as semanas seguintes, não importa o que acontecesse.

Enquanto eu estava voltando para o carro para ir para casa, me dei conta de que essa era a dose de cocaína que eu vinha perseguindo há mais de vinte anos! Eu me senti tão bem que provavelmente poderia ter voado para casa!

Durante toda a semana me senti muito bem e mal podia esperar pela chegada da próxima quarta-feira para poder alimentar os sem-teto novamente. Eu me senti como uma criança esperando o Natal chegar.

Na quarta-feira seguinte fui sozinho ao Lake Eola. Naquela época, eu ainda fumava um maço e meio a dois de cigarro por dia.

Quando chegou quarta-feira, eu não estava fumando. Jesus quebrou as correntes de um vício de cigarro de 30 anos! Outro milagre! Na primeira semana alimentando eu tinha cigarros para todos que quisessem. Eu incluído. Mas não esta semana!

Obrigado, Jesus. Pense bem, quando eu acordava à noite para usar o banheiro, eu fumava. De manhã, a primeira coisa que fazia era fumar um cigarro. Antes de ir para a cama, eu fumava.

Provavelmente fumava um cigarro a cada 10-15 minutos todos os dias. Isso continuou mesmo depois que fui libertado da cocaína! Tentei muitas vezes parar de fumar, mas sempre voltei.

Desta vez, porém, parecia diferente. O vício da nicotina é horrível; ele me controlou por décadas! Mas não mais!! Jesus,
Você é um quebra-correntes!!

Assim como aconteceu com meu vício em cocaína, quando Ele quebrou as correntes do vício em nicotina, tive que preencher esse vazio com algo – esse algo era Jesus!!!

Naquela segunda quarta-feira, sintonizei na Z88.3 – nossa estação de rádio cristã local em Orlando – e preparei 50 almoços. Cada sacola tinha JESUS AMA VOCÊ escrito nelas. Não há nada como ouvir música cristã enquanto prepara almoços para os sem-teto – pense num momento para adoração! Se você não acredita, experimente.

Assim que terminei, carreguei o carro com as lancheiras e dirigi 40 quilômetros até o Lake Eola, com a Z88.3 tocando nos alto-falantes do carro o tempo todo. A maneira como senti foi como se o Espírito Santo estivesse dando cambalhotas dentro de mim.

Quando cheguei ao parque, desta vez foi diferente. Enquanto os sem-abrigo estavam por todo o lado na semana anterior, desta vez tive de ir procurá-los. Enquanto eu caminhava ao redor do lago, muitos estavam desmaiados na grama, talvez bêbados ou drogados.

Tocava no ombro deles perguntando se estavam com fome. A maioria pulava e saia como se eu fosse a polícia.

Eu dizia: "Venho em paz. Eu só quero alimentar você. Eles ficavam aliviados e agradecidos, aceitavam o almoço.

Eu continuava: "Jesus te ama!"

Então, se tivesse oportunidade, eu falava: "Jesus quebrou as correntes de um vício em cocaína de 20 anos. Eu só queria que você soubesse que Ele é capaz."

Para quem não acordou depois de levar um tapinha no ombro, fiz questão de deixar um almoço embalado para quando acordassem.

Depois de circular pelo lago e ver muitos sentados almoçando, fiquei impressionado como algo tão simples poderia trazer tanta alegria para eles. Alegria verdadeira! Eu sabia exatamente como eles se sentiam. Como não poderia, quando eu mesmo sentia a mesma coisa?

Outra coisa diferente depois de alimentar pela primeira vez foi que eu tinha parado de fumar. Desde então, não fumei mais, louvado seja Deus!

Após a terceira alimentação, aqueles que alimentei começaram a gostar de mim e se tornaram meus amigos. Isso foi bom, mas mais do que tudo, eu queria que eles se tornassem meus irmãos e irmãs em Cristo!

Ah, como eu amava, e ainda amo, aquelas tardes de quarta-feira no lago!

SACRIFICIOS AGRADÁVEIS A DEUS

Nos primeiros dois anos, financiei a alimentação dos moradores de rua do meu próprio bolso. Houve momentos em que pensei que não teria dinheiro suficiente para a próxima alimentação. Até pensei em alimentar quinzenalmente para economizar dinheiro. Mas então algo incrível aconteceu no Parque e eu apaguei esse pensamento da minha mente. Eu ligaria para as empresas de serviços públicos para realizar pagamentos parciais para garantir que eu tivesse dinheiro suficiente para fazer os almoços.

Trabalhei muitas horas no restaurante e todas as terças à noite, depois do trabalho, ia ao *Walmart* comprar comida para quarta-feira.

Até hoje, ainda faço os sanduíches antes de me dirigir ao parque ou qualquer outro lugar, para que ainda estejam frescos quando entregues. Algumas das pessoas que alimentamos disseram-nos que muitas vezes recebem sanduíches de outras pessoas e ministérios de dois ou três dias de existência.

Mas não de mim!

Um dia, quando eu estava dirigindo para o trabalho, algo incrível aconteceu. Eu estava na Interestadual 4 me preparando para sair quando meu motor morreu de repente. A única coisa que consegui pensar ao chegar no sinal vermelho foi que não causaria um engarrafamento. Notei uma faixa para virar à esquerda, uma faixa para virar à direita e espaço suficiente entre ambas para poder estacionar sem interromper o fluxo constante.

Do nada, três homens apareceram e começaram a empurrar meu carro até um posto de gasolina a menos de um quilômetro de distância. Eu não tinha ideia de quem eles eram, mas fiquei extremamente grato.

Quando chegamos ao posto de gasolina, saí do carro e presumi que todos eram moradores de rua. Eu disse: "Obrigado, senhores, do fundo do coração, mas não tenho dinheiro para lhes dar".

Um deles apontou o dedo para mim e disse: "Não se preocupe com isso, cara. Você me alimenta na rua."

Uau!!! Inacreditável!!! Fiquei impressionado, especialmente porque isso não aconteceu perto do Lake Eola.

Apertei suas mãos e agradeci novamente, depois chamei uns colegas de trabalho para me dar uma carona. Enquanto eu ligava, um dos homens, que estava muito bêbado, continuou falando comigo. Continuei dizendo a ele para me deixar encontrar uma carona para o trabalho e então poderíamos conversar, mas ele continuou interrompendo.

Ele ficava dizendo: "Estou ficando louco, cara. Estou ficando louco", repetidamente. Eu estava abrindo o restaurante, então tinha que estar presente. Eu realmente precisava me concentrar em conseguir uma carona.

Finalmente, um dos cozinheiros atendeu e disse que me pegaria em meia hora. Quando desliguei perguntei ao homem por que ele estava enlouquecendo. Ele disse que estava bêbado e que precisava fazer uma mudança em sua vida. Eu sabia do que ele estava falando. Contei a ele o que Jesus fez por mim e que só Ele pode quebrar as correntes do vício.

Vendo uma Bíblia no banco do passageiro do meu carro, ele perguntou se poderia ficar com ela.

Eu disse a ele que era muito especial para mim porque meu pastor disse há algum tempo: "Se você não tem sua própria Bíblia, pegue a que está na sua frente".

Esta foi o que tirei do banco naquele domingo. Esta Bíblia significava tudo para mim e eu deixei-o saber disso. Eu disse: "Se eu der para você, você vai ler?"

Ele disse: "Sim, senhor, eu irei".

Eu disse: "Ok, pegue e valorize".

Ele disse que sim e me perguntou onde deveria começar a ler.

Falei a ele: "Por causa do que seu amigo disse sobre eu alimentá-lo no parque, leia Mateus 25:31-46. Quando li isso, minha vida mudou."

Depois, incentivei-o a ler Mateus, Marcos, Lucas e João para começar. Ele disse que faria exatamente isso. Ele me agradeceu por lhe dar minha Bíblia.

Contei a ele que todas as respostas para todas as perguntas poderiam ser encontradas ali. A essa altura, seus dois amigos não estavam em lugar nenhum. Então, ele desapareceu também.

Quinze minutos depois, Zac, meu colega de trabalho, chegou. No caminho para o trabalho, vi o homem para quem acabei de dar a Bíblia, sentado em um ponto de ônibus, lendo-a. Aleluia!!!

Eu disse: "Olha, Zac! Esse é o homem de quem eu estava falando!

Mesmo que eu não tivesse ideia de quanto custaria consertar meu carro, nada iria me incomodar naquele dia.

Hebreus 13:2 diz: "Não negligencie a hospitalidade com estranhos, pois assim alguns hospedaram anjos sem saber".

Como eu disse, esses caras surgiram do nada. Sinceramente, não sei se os vi novamente, mas aquele que apontou o dedo para mim e disse: "Não se preocupe com isso, cara. Você me alimenta na rua", me faz pensar nesta passagem. Talvez, apenas talvez!

Na época, o que para mim pareciam ser muitos grandes sacrifícios, eram apenas grãos de areia em comparação com as bênçãos que recebi como resultado da minha obediência ao que Deus me chamou para fazer.

MEU AMBIENTE DE TRABALHO

O que posso dizer a respeito do meu local de trabalho, *Pizza Fusion*? Essas foram as mesmas pessoas que me ligaram meses atrás, enquanto eu estava na cama, descansando e temendo a viagem de volta à Filadélfia. Quem sabe o que eu estaria fazendo agora se tivesse voltado para Filadélfia!

Por causa da *Pizza Fusion*, pude permanecer em Orlando e continuar crescendo em minha igreja e iniciar meu ministério. Aquele telefonema mudou tudo. Obrigado, Jesus!

Quase todos no restaurante, desde os proprietários até os serventes, de uma forma ou de outra tinham algo a ver com meu ministério. Minha paixão por Jesus era contagiante! Eu estava apaixonado e entusiasmado por Cristo e todos eles sabiam disso.

Congelávamos as pizzas que foram pedidos errados e escrevíamos JESUS TE AMA nas caixas. Depois, servíamos pizza junto com o almoço para o pessoal do parque. Até os donos e seus filhos iam ocasionalmente nos ajudar a alimentar. Eles foram solidários.

Eu costumava alimentar às 12h, mas como meus colegas de trabalho (muitos dos quais eram estudantes do ensino médio) queriam se juntar a nós, mudamos o horário para 14h15. Agora alimentamos lá às 13h.

Quando os alunos chegavam ao restaurante já eram 13h45. Por volta meia hora, chegávamos la. Semana após semana fazíamos isso. Meus colegas de trabalho começaram a trazer roupas, produtos de higiene pessoal e outras coisas para distribuir.

Um dos proprietários, Michael, nos dava US$50 e dizia: "Isso é para a próxima semana". Quão incrível era isso?!

Infelizmente, a economia estava tão ruim que o restaurante foi forçado a fechar. Pela primeira vez na minha vida, eu estava prestes a ficar desempregado. Fiquei pensando comigo mesmo: "O que vou fazer para alimentar os moradores de rua?"

Mas como sempre, Deus apareceu! As pessoas começaram a me apoiar, dizendo: "Michael, tenho comida para a semana". Então outro diria: "Tenho para a semana seguinte". Foi realmente incrível!

Michael me disse um dia que se eu continuasse fazendo o que estava fazendo, outros iriam se apresentar e me ajudar. Ele estava certo.

Isso tirou um peso das minhas costas. As pessoas não chegavam junto o tempo todo, mas quando o faziam, o momento era sempre propicio.

Comecei a ir as feiras livres depois que o restaurante fechou para arrecadar fundos para o ministério, sem ter ideia de que faria isso por muitos anos.

No domingo após o fechamento do restaurante, recebi uma mensagem alucinante na igreja de Michael, da *Pizza Fusion*.

Dizia: Mark (o outro proprietário) e eu queremos dar uma super alimentação para os sem-teto na segunda-feira. Passe no restaurante e vamos preparar algumas pizzas.

Lágrimas de alegria inundaram meus olhos quando li isso. Eles tinham acabado de perder tudo, mas ainda queriam alimentar os sem-teto com o que ainda restava.

Acabamos fazendo cerca de 50 pizzas grandes e depois dirigimos até o Lake Eola para amar os sem-teto de uma forma deliciosa. Eu nunca me esquecerei daquele dia. Também não esquecerei as muitas outras coisas que Michael e Mark fizeram por mim e pelo ministério.

O melhor é que tudo foi feito em nome de Jesus!!

Alguns anos depois, a esposa de Michael, Trina, me perguntou se a banda de adoração da igreja dela poderia vir tocar na nossa alimentação de segunda-feira à noite. (Explicarei sobre as mesmas mais na frente.)

Eu disse com entusiasmo que sim. Eles foram incríveis. Eles forneceram todos os instrumentos, incluindo bateria e banda.

Eles tocaram por duas horas. Muitos dos sem-teto dançaram ao som da música.

Quando acabou, Trina veio até mim com lágrimas nos olhos e me deu um dos melhores elogios que já recebi. Ela disse que ela e Michael perderam tudo quando o restaurante fechou, mas ambos concluíram que o motivo pelo qual abriram o restaurante foi para me conhecer.

Eu não pude acreditar no que meus ouvidos acabaram de ouvir.

Eu disse: "Obrigado, Trina, pelo elogio. A Deus seja a glória."

AME-O DE VOLTA

Pouco antes de o restaurante fechar, o Senhor colocou as palavras "AME-O DE VOLTA" em meu coração. Até então, cada lancheira, caixa de pizza, presente de Natal, etc. que distribuíamos tinha as palavras "JESUS TE AMA" escritas.

A partir daí, incluímos as palavras "AME-O DE VOLTA" no outro lado das sacolas. Foi então que "JESUS TE AMA, AME-O DE VOLTA" se tornou o nome do ministério.

Na minha vida anterior, nunca disse a ninguém que Jesus os amava. A maioria das palavras que saíram da minha boca naquela época eram realmente sem sentido, porque nunca glorificaram Aquele que me salvou décadas depois.

Mas isso foi então. Agora vou levantar minhas mãos e cantar a plenos pulmões para Jesus, e somente Jesus. Graças a Ele, hoje não uso cocaína! Outro milagre!

Foi também nessa época que iniciamos nossos famosos círculos de oração, com muitos voluntários após cada alimentação.

Às vezes tínhamos cerca de uma dúzia de pessoas no círculo. Outras vezes tínhamos 30 – às vezes até mais do que isso. Apesar de quantos estavam lá, quando terminávamos de orar, eu sempre gritava: "Jesus te ama…" E todos os outros no círculo respondiam: "…Ame-O de volta!

Essas seis lindas palavras rapidamente se tornaram meu lema.

Até hoje, ainda não sei por que Deus me escolheu para liderar este ministério, mas estou muito grato por Ele ter feito isso!

RESTAURANDO O QUE OS GAFANHOTOS COMERAM (JOEL 2:25)

Agora voltando para meu pai. O que posso dizer sobre o homem que todos amavam? Crescer numa família disfuncional durante tantos anos apenas para experimentar o poder restaurador de Deus, foi um verdadeiro Milagre nas nossas vidas! Meu pai deixou de ser um marido e pai irresponsável para se tornar totalmente responsável e dedicado à família, depois que foi libertado do álcool.

A mudança nele foi tão notável que os muitos membros da família que queriam que meu pai saísse de casa e nunca mais voltasse foram os que mais passaram a respeitá-lo.

Ver essa transformação nele foi notável, lindo, milagroso. Obrigado, Jesus!

Depois que papai ficou sóbrio, ele trabalhou em dois empregos para pagar a enorme montanha de dívidas que se acumulara continuamente ao longo dos anos. Seu trabalho em tempo integral era como chef em um hospital e também trabalhava quase todos os fins de semana no restaurante IHOP.

Ele voltava para casa quase todas as noites sentindo-se exausto, mas raramente reclamava. Você sabe porque? Ele estava grato pela segunda chance que Deus lhe deu, e nós também.

Até hoje, ainda me lembro vividamente do dia em que duas garotas me abordaram no ensino médio, dizendo que viram meu pai no IHOP no fim de semana. Lembro-me de me sentir tão envergonhado. Tanto que olhei em volta para ver se mais alguém conseguia ouvi-las.

Sem dúvida, esse foi um dos meus maiores arrependimentos na vida. Como eu poderia ser assim, quando meu pai estava fazendo o que fosse necessário para sustentar sua família? Eu só queria ter pedido desculpas a ele enquanto ainda estava vivo. Meu pai não era muito falador nesta fase da vida. Mas ele sempre apoiou suas palavras em ações, fazendo tudo o que um pai deveria fazer. Ele me deu muitas lições de vida para contar!

Uma das minhas melhores lembranças de papai foi uma viagem que fizemos de ida e volta para a Califórnia. Foi inestimável. Ele sempre me fez sentir seguro nessas viagens. Especialmente no caminho de volta para Filadélfia, quando minha vida estava em ruínas. Naquela época, eu sempre fui o tipo de pessoa impulsiva, enquanto ele planejava tudo para a viagem.

Lembro-me de pensar comigo mesmo naquela época que queria ser mais parecido com meu pai. Não foi a última vez que esses pensamentos encheram minha mente. Eu provavelmente poderia escrever outro livro apenas compartilhando-os com você...

Por causa do meu constante vício em cocaína naquela época, quando meu pai foi diagnosticado com câncer, fui o último da família a saber disso. Quando finalmente acordei com o telefone tocando, tomei banho e fui direto para o hospital.

Quando entrei no hospital, ouvi a família Higgins sendo chamada pelo alto-falante para ir ao quarto do meu pai. Entrei na sala no exato momento em que o médico nos disse que ele tinha câncer de cólon e que precisava fazer uma cirurgia de emergência. Saí para fumar e comecei a chorar.

Eu disse à mamãe que estaria lá para ajudá-la de qualquer maneira que pudesse durante tudo isso. Mesmo que ela não tenha acreditado em mim na época — por causa do meu vício em drogas — eu sabia no fundo do meu coração que minhas palavras para ela eram sinceras.

Daquele momento em diante, provei isso praticamente morando com meus pais. Mesmo lutando contra meu vício total, eu ainda trabalhava em tempo integral, cozinhava e faxinava para meus pais, fazia compras para todas as suas necessidades, levava meu pai à maioria das consultas médicas e tudo mais.

Certa noite, no trabalho, recebi um telefonema de minha mãe dizendo que o coração de meu pai estava falhando e que, por favor, fosse ao hospital o mais rápido possível. Quando a ligação terminou, eu estava um caco. Chorei feito criança. Eu não aguentaria muito mais!

Meu chefe, me deu um grande abraço e me disse para ir embora.

Felizmente, quando cheguei ao hospital, meu pai estava em condição estável. Mamãe e eu estávamos totalmente exaustos física, mental e emocionalmente. Faltava uma semana para o Natal e ambos sentíamos que estávamos no limite. No mínimo, nós dois precisávamos de uma boa noite de descanso.

Na manhã seguinte, quando chegamos ao hospital, as enfermeiras nos pararam antes de entrarmos no quarto do papai, dizendo: "Pare! Você não pode entrar aí!"

Dissemos: "Por quê? Qual é o problema agora?"

Novamente, elas disseram: "Você não pode entrar aí agora".

Então, esperamos...

Vinte minutos depois, falaram que podíamos entrar. Entramos e encontramos papai vestido de Papai Noel. Rimos e choramos sabendo que este seria seu último Natal.

Embora ele fosse sem dúvida o Papai Noel mais magro do planeta naquele dia, ele era o melhor Papai Noel que alguém da família já tinha visto, especialmente seus netos.

Papai morreu duas semanas e meia depois...

Pouco antes de sua morte, perguntei-lhe quanto tempo levaria até que as pessoas começassem a confiar em mim novamente.

Falando por experiência própria, meu pai me disse: "Você não precisará contar a ninguém. Eles simplesmente saberão disso. Eles verão com seus próprios olhos."

Quando meu pai não conseguia mais subir as escadas para o quarto, a sala era onde dormíamos. Ah, as histórias que ouvi sobre a vida dele, enquanto ele estava deitado no sofá e eu no chão.

Sempre guardarei com carinho esses momentos com ele. Eles me proporcionaram uma sensação de redenção por parte de meus pais que eu nunca teria sentido se não estivesse ao lado deles naquele momento crucial de suas vidas.

Agora que estou limpo e sóbrio há duas décadas, minha vida é a prova viva de que o fruto não caiu muito longe da árvore. Depois de ver o Senhor restaurar o que os gafanhotos haviam consumido na vida de meu pai, só de vê-lo fazer o mesmo em minha vida, isso nunca para de me surpreender! E o que poderia ser melhor que isso...

CONSELHO DIRETIVO E 501C3!! VOCÊ ESTÁ DE BRINCADEIRA COMIGO?

Nesta fase do ministério, alimentávamos apenas uma vez por semana no Lake Eola, todas as quartas-feiras, mas isso tava prestes a mudar. Muitas pessoas ficavam me dizendo que Deus iria abençoar grandemente este ministério.

No final das contas, eles estavam certos. Mas as bênçãos que recebemos até então tinham pouco a ver com dinheiro. Até hoje me surpreende (por causa da nossa disponibilidade) como conseguimos fazer tanto com tão pouco para trabalhar!

De qualquer forma, Deus começou a enviar pessoas para minha vida para ajudar a levar o ministério para o próximo nível. Muitos posteriormente tornaram-se diretores e/ou membros do conselhos de administração. Imagine isso, de cheirar cocaína até participar de reuniões do conselho de administração. Deus não é incrível?

Nosso irmão Nick fez todo o trabalho necessário para nos incorporar. Três outros homens que conheci em um estudo bíblico deram cheques totalizando US$850,00 para pagar a taxa de inscrição do 501C3. Abrimos uma conta em nome do Jesus te Ama, Ame-o de Volta e assinamos o primeiro cheque para o IRS (Receita Federal Americana).

Um contador nos ajudou a preencher a documentação necessária para nos permitir operar como uma organização sem fins lucrativos 501C3. Obrigado a todos, do fundo do meu coração, por fazerem isso acontecer.

Se alguém tivesse me dito que eu teria um conselho de administração, diretores e um status 501C3 para este ministério no início, eu diria que estavam mentindo!

AH, ALIMENTAR NAS SEGUNDAS À NOITE! EU ESTAVA COM FOME E ME DESTE O QUE COMER (MATEUS 25:35)

Nosso ex-vice-presidente, Bhrett Black, disse que queria conversar comigo sobre como poderíamos expandir o ministério. Ele me contou sobre uma igreja que permite que organizações alimentem os sem-teto em seus estacionamentos, sem distrações. Ele disse que havia uma vaga nas noites de segunda-feira.

O único problema é que não tínhamos recursos para isso. Mas depois que Bhrett continuou me garantindo que Deus forneceria tudo o que precisávamos para que isso acontecesse, fiquei ansioso para começar.

A segunda-feira seguinte foi nosso *test drive*, por assim dizer. Usando um pequeno sistema de som, lemos Mateus 25:31-46 para abrir a alimentação (lemos trechos da Bíblia todas as semanas para alimentá-los espiritualmente antes de alimentá-los fisicamente). Quando servimos comida aos sem-teto, ouvíamos a Z88.3, a estação de rádio cristã local.

Esperávamos encontrar alguns problemas naquela noite, mas ao final, alimentamos mais de 250 pessoas. Essa foi, de longe, a nossa maior alimentação até hoje. Tínhamos 30-35 voluntários. Não consigo expressar em palavras o quão maravilhoso me senti naquela noite. Acredito que todos os que se voluntariaram sentiram o mesmo.

Poderíamos todos ter voado para casa naquela noite sem avião!

Soa familiar?

Distribuímos roupas, produtos de higiene pessoal, Bíblias, produtos femininos, cobertores, jaquetas e mochilas. Quando cheguei em casa, mal podia esperar para postar as fotos da alimentação no *Facebook*. Laiz e eu estávamos exaustos, mas mal podíamos esperar a próxima segunda-feira para servir novamente.

Não fomos os únicos. Recebemos muitos telefonemas no dia seguinte de voluntários dizendo como foi incrível e que viriam na semana seguinte, trazendo mais voluntários.

Temos servido todas as segundas-feiras à noite desde então. Rapidamente se tornou o grande evento para nós.

Enquanto as refeições de quarta-feira à tarde no lago eram menores e mais íntimas.

À medida que a notícia se espalhava, grupos de louvor e adoração das igrejas locais ofereceram o seu tempo para se apresentarem aos sem teto enquanto lhes servimos refeições quentes. Tivemos até grupos religiosos vindos dos estados de Alabama e Tennessee se juntando a nós.

O Pastor Kevin Kozial tornou-se uma das nossas âncoras desde o início. Todas as segundas-feiras à noite, ele enchia seu ônibus com muita gente (a maioria moradores de rua) mais seus equipamentos e dirigia 45 minutos para amar os sem-teto. Ele até os deixou cantar com ele e tocar seus instrumentos. Ele era uma grande parte de nossas noites de segunda-feira. Seu coração por Jesus é verdadeiramente inspirador. Ele entendeu o que era a noite de segunda-feira. Ele adorava o fato de que nunca tocaríamos música secular, nunca falaríamos sobre política e nunca aceitaríamos nenhum elogio. Ele sabia quem recebeu a glória.

Obrigado, irmão Kevin.

Todos os anos, nessas refeições de segunda-feira à noite, servimos dezenas de milhares de refeições, distribuímos toneladas de roupas, produtos de higiene variados e centenas de Bíblias, tudo no poderoso e precioso nome de Jesus!

Além disso, temos milhares de voluntários que acredito que tiram mais proveito disso do que os moradores de rua que alimentamos. Eu sei o que faço!

Também começamos a alimentar em sábados alternados à noite no mesmo estacionamento da igreja. Isso durou cerca de um ano, paramos para permitir que outros grupos assumissem essa vaga, para que também pudessem ajudar a abençoar os sem-teto.

Obrigado, irmão Bhrett, por sua visão. Nós realmente não poderíamos ter começado sem você! Desde então, mudamos para outro local, mas não se engane: as segunda à noite estão melhores do que nunca.

ALIMENTANDO AS MULHERES NA AVENIDA

Alimentar prostitutas na *Orange Blossom Trail - OBT* (famosa avenida de Orlando) é sempre algo especial para mim. Na primeira noite em que fizemos isso, tínhamos mais mulheres voluntárias do que homens, por razões óbvias. Essas mulheres foram abusadas por homens de todas as maneiras possíveis.

Fizemos almoços e fomos para a OBT, sem saber o que esperar. Em pouco tempo, descobrimos que essas senhoras estavam muito gratas. Algumas delas não queriam nada conosco, o que é compreensível, mas na maioria das vezes ficamos surpresos.

Como havíamos feito mais almoços do que o número de mulheres para alimentar, também alimentávamos qualquer outra pessoa que precisasse de uma refeição, inclusive traficantes de drogas.

Lembro-me que um dia que Laiz deu um lanche para um traficante. De repente ele começou a citar as escrituras! Achei isso irônico e bonito. Oro para que ele esteja fazendo mais do que apenas citar as escrituras agora! É preocupante ver todas as almas perdidas necessitadas por aí. Elas realmente estão por toda parte.

Uma noite, estávamos na OBT e conhecemos uma garota que estava com fome e descalça. Enquanto comia, Colleen, uma de nossas voluntárias, tirou os sapatos e entregou a ela. Esta mulher começou a chorar e correu para os braços de Colleen dizendo "obrigada" várias vezes.

Havia dois homens observando e dizendo: "Não posso acreditar no que acabei de ver. Aleluia!"

Oramos por todos eles e continuamos nossa "expedição de pesca".

Uma noite, encontramos nas ruas uma das meninas que havíamos alimentado antes e ela nos disse que havia aceitado Jesus como seu Senhor e Salvador.

Ela se ofereceu para distribuir alimentos conosco nas noites de segunda-feira e, vejam só, ela realmente apareceu! Depois de ir várias vezes como voluntária, ela declarou que gostaria de ser batizada. Tive a honra de batizar esta mulher.

Obrigado, Jesus! Oro para que ela esteja caminhando forte com o Senhor hoje.

De qualquer forma, voltando para *Orange Blossom Trail*, ocasionalmente trazíamos um grupo de jovens conosco. Cada vez que se juntavam a nós, traziam alguém novo e sempre acontecia algo incrível.

Nós literalmente oramos por essas mulheres enquanto estamos no estacionamento de clubes de strip ou ali mesmo na esquina. Muitas dessas mulheres, devido ao vício em drogas, não comem há dias e muitas vezes pedem um segundo almoço. Você pode notar quem está realmente com fome pela maneira como comem. Assim que abençoamos a comida e dizemos amém, os sacos se rasgam.

Houve algumas noites em que aparecemos e vimos uma operação policial acontecendo, as meninas rapidamente se dispersavam. Quando isso acontece, o Espírito Santo nos guia para outros lugares e Jesus sempre recebe a Sua glória!!!

HORA DO LAVA PÉS! .... EU ESTAVA NU E ME DESTE O QUE VESTIR (MATEUS 25:36)

No verão de 2013, meu bom amigo e querido irmão em Cristo, Gilbert Montez, me informou que estava construindo um sapato gigante de madeira. Depois de concluído, ele seria colocado em uma YMCA local com o único propósito de arrecadar sapatos para os moradores de rua que alimentávamos todas as semanas.

Fiquei muito feliz com a notícia e disse-lhe que queria lavar os pés dos sem-teto antes de lhes dar sapatos novos para calçarem.

Gilbert adorou a ideia. No final das contas, ele arrecadou centenas de pares de sapatos.

Quando dissemos aos nossos voluntários que iríamos realizar uma cerimónia de lava-pés para os mais necessitados, eles regozijaram-se.

Além de receber os sapatos, centenas de pares de meias novas, talco, loção e muitas toalhas também nos foram doados.

Os sapatos foram colocados nas mesas por tamanho. Separamos os sapatos masculinos dos femininos. Pedimos aos moradores de rua que formassem uma fila na qual pudessem passar pela mesa, escolher um par de sapatos e meias e sentar-se no banco.

Os voluntários então tiraram os sapatos e meias sujas e dos moradores de rua, jogaram fora e lavaram seus pés, enquanto diziam que Jesus os amava.

Após o término da cerimônia do lava-pés, as mesas foram limpas e arrumadas para o jantar. Quando terminamos de alimentar, lavei os pés dos nossos voluntários. Foi um momento muito emocionante.

Terminei lavando os pés de Bhrett e Laiz e em troca eles lavaram os meus. Obrigado, Jesus, por nos permitir sentir tão bem por dentro! Tudo o que estávamos fazendo era seguir Sua liderança.

Louvado seja Deus, lavamos centenas de pés naquele dia! Foi uma sensação no mínimo inacreditável! Mais uma vez, poderíamos ter voado para casa naquela noite sem avião!

Enquanto arrumávamos as mesas e os bancos e enfileiramos os moradores de rua para pegar os sapatos, uma moradora de rua muito furiosa estava na fila, gritando e nos xingando.

Quando finalmente a ouvi gritar, pedi que parasse. Eu disse a ela que tínhamos crianças presentes e não mereciam ouvir aquilo.

Ela gritou comigo ainda mais alto, a ponto de não termos escolha a não ser escoltá-la para fora do terreno. Quando ela estava saindo, ela estava me xingando ainda mais alto. Acho que ela inventou palavrões só para mim!

Cerca de 10 a 15 minutos depois, enquanto lavávamos os pés, senti uma batida no ombro. Eu me virei e vi o irmão Gilbert parado ali com a mesma mulher. Ela tinha lágrimas nos olhos e me pediu para perdoá-la.

Segurei a mão dela, sentei-a num banco e disse: "Eu te perdôo e agora deixe-me lavar seus pés".

Ela disse: "Você não pode lavar meus pés, sou judia".

Eu respondi: "Jesus também e foi Ele quem deu o exemplo".

Ela sorriu e me disse: "Nesse caso, vá em frente".

Quão grande é Deus!!! Esse evento de lava-pés foi o primeiro de muitos outros em diversos lugares, não apenas em Orlando.

Várias semanas depois, uma igreja local estava arrecadando fundos para o nosso ministério.

Quando Bhrett e eu entramos na igreja, não podíamos acreditar no que estávamos vendo. As paredes da igreja tinham nosso logotipo estampado.

As crianças pintaram nosso logotipo em cartazes e fizeram um trabalho incrível. Nós nos sentíamos, parecendo estrelas do rock. As crianças apontavam para nós dizendo "Lá estão eles! Vemos você no *Facebook*!"

Uau!!! Então, o pastor sênior se aproximou e se apresentou. Ele disse que era um grande fã do Jesus te Ama, Ame-o de Volta e estava analisando nosso site no *Facebook*.

Ele disse que nosso trabalho para o Senhor era real. Ele então disse que enquanto olhava nossas fotos e vídeos do evento do lava-pés, o Espírito Santo veio sobre ele em grande escala.

No dia seguinte, no acampamento bíblico infantil, ele lavou os pés de todas as crianças! Você pode acreditar nisso?

Quando você faz algo em nome de Jesus, você nunca sabe como Ele o usará! Depois que Jesus lavou os pés de seus discípulos, ele disse: "14 Se eu, o Senhor e Mestre, vos lavei, também vós deveis lavar os pés uns dos outros. 15 Pois eu vos dei um exemplo, para que vocês também façam como eu fiz com vocês. 16 Em verdade, em verdade vos digo: o servo não é maior do que o seu senhor, nem o mensageiro é maior do que aquele que o enviou. 17 Se você sabe essas coisas, bem-aventurado será se as praticar. João 13:14-17.

TEMPO DO MINISTÉRIO CARCERÁRIO...EU ESTAVA PRESO E VIESTE ATÉ MIM (MATEUS 25:36)

Vamos voltar no tempo. Você se lembra de quando me inscrevi no Ministério Prisional Boas Novas e eles nunca me responderam? Agora acredito que isso fazia parte do plano de Deus. Ele queria que eu começasse e liderasse Jesus te Ama, Ame-o de Volta. Olhe para a semente.

Em 2010, um amigo meu me convidou para participar de uma festa do grupo de vida. Depois da festa, entrei para o grupo de vida. Que grupo incrível de pessoas eles são. Eu amo muito todos eles.

Essa foi a primeira vez que conheci Jeff Parker. Jeff veio até mim depois de uma das reuniões do grupo de vida para se apresentar.

Depois de contar a ele sobre meu passado e o que Jesus estava fazendo em minha vida, Ele, em troca, me deu seu mini testemunho. Tínhamos muito em comum. Ele então me perguntou se eu sabia sobre o *Celebrate Recovery* (Celebrar a Recuperação). Eu disse a ele que sim, mas não sabia muito sobre isso. Ele me informou que o *Celebrate Recovery* estava oferecendo um jantar de Ação de Graças e perguntou se eu gostaria de ir. Ele disse que eu seria um incentivo para as pessoas de lá, então aceitei o convite.

Conheci muitas pessoas legais lá. Na verdade, três dos homens que conheci são amigos queridos e, mais importante ainda, meus eternos irmãos (Jeff Parker, Michael Ward e Roger Throneburg), que mencionarei mais tarde.

Jeff sabia do meu ministério e no final da noite eles me doavam todas as sobras de comida - peru, presunto, purê de batata, legumes, tortas e todos os ingredientes adequados para o Dia de Ação de Graças. Eles realmente abençoaram os sem-teto naquela tarde de quarta-feira no Lake Eola.

Tenho ido ao *Celebrate Recovery* desde aquela época. *Celebrate Recovery* é um ministério que ajuda pessoas com traumas, problemas e hábitos. Não importa qual seja a sua criptonita – drogas, álcool, luxúria, pornografia, homossexualidade, alimentação excessiva, depressão, o que quer que seja – eles podem ajudar por meio da oração e da comunhão.

Celebrar a Recuperação é um programa centrado em Cristo. Somente Jesus pode realmente quebrar essas correntes e Celebrar a Recuperação se concentra nisso. Dois anos depois do *Celebrate Recovery*, Jeff me contou sobre o Ministério Celebrar a Recuperação dentro da Prisão. Ele perguntou se eu gostaria de me juntar a ele. Eu imediatamente disse que sim e fui rapidamente aprovado.

Foi quando Deus quis que eu exercesse o ministério na prisão. Amo os homens que visito na prisão até hoje.

Curiosamente, alguns desses homens que genuinamente receberam a Cristo como Senhor e Salvador e estão sendo usados por Ele de maneira poderosa são mais livres do que a maioria das pessoas que conheço do lado de fora. A única coisa que os impedia eram as barras de ferro, mas suas almas estão tão livres quanto possível. Eu amo esse ministério.

Certa noite, depois de prestar meu testemunho, um homem veio até mim e disse: "Ontem mesmo o juiz me sentenciou a 690 anos". Eu suspirei. Eu não esperava ouvir isso.

Ele então disse que não tinha mais motivos para viver, mas depois de ouvir meu testemunho sentiu um pouco de esperança dentro dele. Então ele me perguntou o que deveria fazer agora.

Eu disse a ele para começar a ler a Bíblia. Eu disse a ele: "Você provavelmente não vai acreditar nisso, mas todas as suas respostas estão aí". Não perguntei o que ele fez para receber uma sentença de prisão tão longa, mas disse que com a sentença que recebeu, ele provavelmente precisava estar lá.

Ele concordou.

Aconselhei-o a pedir sabedoria a Deus e garanti-lhe que esta é uma das muitas coisas que Ele concederá. Compramos uma Bíblia para ele, ele agradeceu e nunca mais o vi.

Ele estava programado para ser enviado para outra prisão após sua sentença. Não me lembro do nome dele, mas se você se juntar a mim em oração por ele – especialmente pelo seu crescimento espiritual na prisão – eu ficaria grato.

Outra noite, depois de dar meu testemunho, um homem veio até mim e disse: "Quero lhe agradecer por me alimentar em Tampa". (Voltaremos para Tampa mais tarde.)

Eu respondi: "Deus seja louvado!"

Ele me disse que quando o encontrei em Tampa, ele tinha acabado de sair da prisão e não comia há dois dias.

Agradeci a ele por me avisar disso. Ele realmente me surpreendeu. Tenho certeza de que esta foi a vontade e o momento perfeito de Deus quando se tratou de mim e do ministério na prisão.

Outra noite, depois de terminar de prestar meu testemunho, um prisioneiro veio até mim com lágrimas nos olhos. Ele me disse que tenho um testemunho poderoso e que ele estava onde eu costumava estar.

Convidei-o para orar comigo. Orei: "Senhor, eu levanto este homem que está onde eu costumava estar. Faça por ele o que você fez por mim. Deixe-o saber que você é real, Senhor. Mostre a ele que você é capaz. Livra-o da criptonita para que ele possa ser grato do que Tu fizeste na vida dele pelo resto de seus dias, em nome de Jesus eu oro, amém."

Trocamos abraços e ele foi embora.

De repente, ele se virou para mim e disse: "A propósito, há cinco meses você me alimentou em Sarasota antes de eu ser preso. Eu estava com muita fome naquele dia. Obrigado."

Verdade seja dita, eu não queria ir ao ministério na prisão naquela noite porque estava exausto. Veja o que eu teria perdido!

Obrigado, Jesus, por todas essas confirmações que me fazem querer fazer ainda mais para a Tua glória e para a promoção do Teu Reino aqui na Terra!

Durante quatro anos, fui ao ministério na prisão todas as quintas-feiras à noite. Tive que reduzir para quintas-feiras alternadas por causa do crescimento do Jesus te Ama, Ame-o de Volta.

Mas quando vou lá, é como se nunca perdesse o ritmo; continuamos exatamente de onde paramos.

Laiz também se juntou a mim neste ministério por um período. Que bênção foi fazer o ministério na prisão com ela!

Alguns dos momentos mais gloriosos ocorreram quando prisioneiros libertados iam a um dos nossos locais de alimentação para comer e agradecer por tê-los visitado na prisão.

Ironicamente, cada vez que saía da prisão, agradecia ao Senhor pelo milagre e pela graça de perceber que, em vez de pessoas me visitarem na prisão, eu estava visitando outras pessoas.

Obrigado, Jesus!

MOMENTO DE BATIZAR EM NOME DE JESUS

Antes de começar com os testemunhos batismais, gostaria de compartilhar minha própria história de batismo. Isso aconteceu em maio de 2010, um ano depois de começar a alimentar. Que dia memorável foi para mim! Fui batizado na cidade Cocoa Beach.

Lembro-me até da música que tocava na estação de rádio cristã, era *"In the Hands of God"* dos Newsboys.

Quando chegamos à praia, centenas de pessoas da minha igreja estavam lá. Havia bolas de futebol e discos voando por toda parte. A maioria das pessoas nadava no oceano antes dos batismos acontecerem. Todos estavam se divertindo, inclusive meu irmão e eu.

Antes de ser batizado, eu olhava para o oceano e mal podia esperar para declarar com ousadia diante de tantas pessoas que Jesus é meu Senhor e Salvador e não tenho vergonha!"

No ano seguinte (2011), trouxemos 13 de nossos voluntários e irmãos e irmãs sem-teto à praia para serem batizados em minha igreja. Cozinhamos comida para que pudéssemos alimentá-los depois que fossem batizados. Uma mulher do meu grupo de vida é dona do motel à beira-mar onde nossa igreja batiza. Perguntei-lhe se poderíamos alimentar os sem-teto depois dos batismos e ela nos acomodou.

Ela até deixou os moradores de rua tomarem banho antes de voltar para Orlando. Que incrível! Isso se tornou uma tradição anual no ministério. No segundo ano (2012), trouxemos 17 irmãos e irmãs. No terceiro ano, trouxemos 24 conosco.

Uma vez por ano batizávamos na praia. Infelizmente, muitos dos moradores de rua que manifestavam interesse em serem batizados não comparecia. Tivemos que encontrar uma maneira de batizá-los sem ter que esperar até o batismo na praia do ano seguinte.

Foi quando Roger Throneburg assumiu a responsabilidade. Roger é um dos meus melhores amigos. Levo nossa amizade muito a sério. Cada vez que nos reunimos, é por causa de Jesus.

Ele veio até mim e me disse: "Michael, eu tenho um barco. Podemos levá-los até o St. John River e batizá-los lá."

Ele então me disse que queria ser batizado. Naquele dia, meu parceiro de ministério na prisão, Jeff Parker e eu, levamos Roger para ser batizado junto com outro querido irmão em Cristo, Kevin Atchoo, que também expressou que queria ser batizado.

UAU! Que dia memorável!

Curiosamente, muitos anos depois, Kevin Atchoo, que é corretor de imóveis, vendeu a casas dos Parker e a dos Throneburg.

Esse foi o primeiro batismo de barco que fizemos. Mais se seguiram.

Depois de termos batizado Roger e Kevin, Roger virou-se para mim e disse: "Comece a alinhá-los, Michael!" Foi exatamente isso que fizemos.

Nos meses e anos seguintes, tivemos o grande privilégio de batizar muitos moradores de rua usando o barco de Roger que chamamos de "O Batizador".

Uma das minhas melhores experiências foi quando batizamos três gerações de uma família ao mesmo tempo. Todos eram voluntários conosco.

No início era para serem apenas as crianças. Acabamos batizando a mãe e a avó deles também. Incrível! Levamos todos para um lugar à beira do rio que tem uma prainha.

Hoje chamamos esse local de "Praia do Batismo".

Roger Throneburg agora se junta a mim e Jeff Parker no *Celebrate Recovery*. Desde então, batizamos dois expresidiários que conhecemos na prisão. Eles poderiam ter sido batizados atrás das grades, mas queriam que nós os batizássemos quando fossem libertados.

Sempre que vai à "Praia do Batismo", Roger sempre diz suas famosas palavras: "Esta é a melhor parte da igreja!" Uma coisa que Roger não gostaria que você soubesse é que ele paga do próprio bolso todas as despesas dos batismos. Ele é uma bênção para o ministério. Obrigado, irmão!

QUARTA PARTE: HORA DE EXPANDIR NOSSO TERRITORIO

BRASIL

Mateus 28:19 diz: "Ide, portanto, e fazei discípulos de todas as nações, batizando-os em nome do Pai, e do Filho, e do Espírito Santo."

Eu estava prestes a fazer minha primeira viagem ao Brasil para conhecer minha nova família e também alimentar as crianças pobres enquanto estávamos lá. Para arrecadar fundos para a parte missionária da nossa viagem, Laiz e alguns de seus amigos brasileiros prepararam comida brasileira. Vendemos rifas e fizemos uma arrecadação de fundos.

Depois de tudo, arrecadamos US$800. No Brasil, o cambio estava 2 para 1 na época.

Nossos amigos também doaram brinquedos e roupas infantis, além de 100 Bíblias impressas em português que já nos aguardavam.

Depois de conhecer minha nova família, conhecemos o Pastor Glauco de uma igreja em Catalão, Goiás.

Explicamos nossos planos, mas não sabíamos por onde começar. Ele perguntou por que escolhemos esta cidade e por que agora? Explicamos que esta é a cidade natal de Laiz. Ele e sua esposa pareciam muito sérios. Como eu não entendia português, no começo me senti um pouco estranho. Laiz explicou o ministério ao Pastor Glauco.

Quando ela terminou, ele disse que tinha uma pergunta para mim. Laiz disse: "O pastor quer saber se você é salvo, você pode perder sua salvação?"

Lembrando-me de Romanos 8:1, que declara: "Portanto, agora já não há condenação para os que estão em Cristo Jesus", eu disse não. Eu disse que se você acha que pode perder sua salvação, provavelmente nunca a teve. Eu disse que me conforto na promessa de Deus e então havia um grande sorriso no rosto do pastor.

Imediatamente ele disse que ficaria feliz em nos ajudar. Ele até me deu as chaves da igreja. Ele disse que a cozinha estava a minha disposição o quanto eu precisasse.

Que ótima maneira de começar minha primeira viagem missionária internacional. Isso me deu o impulso que eu precisava. Fomos então conhecer uma mulher chamada Gisele que alimenta as crianças pobres em nome de Jesus. Ela nos deu outro impulso.

Lembre-se de que não tínhamos um plano de ação e os recursos era limitados. Mas depois de nos disponibilizarmos para servir aos outros, Deus interveio e abriu portas para nós. Simples assim, estávamos servindo em Seu nome. Jesus não é incrível?

Este foi o meu primeiro Dia de Ação de Graças fora dos Estados Unidos e queria celebrá-lo alimentando as crianças pobres. Minha nova família topou tudo. Eles ajudaram demais, desde fazer compras, separar as roupas, escrever Jesus te ama, ame-o de volta nas Bíblias, cozinhar a comida e tudo mais.

Eu não conseguia acreditar como todos estavam dispostos a ajudar. Fomos à casa da Gisele preparar a comida. Tínhamos brinquedos para as crianças, desde bonecas até bolas de futebol. Comecei a me emocionar quando as crianças chegaram. Laiz, falando por mim, compartilhou meu testemunho e explicou por que estávamos ali. Eles ficaram muito felizes.

Pastor Glauco deu um recado rápido e depois abençoou a comida. Cada criança tinha mais do que o suficiente para comer. Todos receberam brinquedos e roupas. Mais importante ainda, eles receberam novas Bíblias.

Agora podiam acompanhar quando Gisele lhes lia a Palavra de Deus. Tínhamos cerca de dez voluntários vestindo camisetas *Jesus Loves You Love Him Back* no Brasil que não falavam inglês, mas sabiam por que estavam lá. Louve a Deus!

Após a primeira alimentação, fui abençoado por dar meu testemunho em três igrejas, enquanto Laiz traduzia para mim. Se ela não estivesse lá, não teria sido possível. Ela é de uma cidade pequena e só conheci três pessoas que falavam inglês lá.

Em uma igreja, havia cerca de 600 pessoas presentes. De longe, foi a maior igreja que visitamos até hoje. Olhei para Laiz e sabia que ela estava nervosa. Eu disse a ela para permanecer focada no motivo de estarmos ali e apenas repetir as palavras que eu dissesse, para ajudar a acalmar seus nervos. Gradualmente, ela se sentiu mais confortável e começou a compartilhar meu testemunho.

Enquanto ela falava, toda a congregação estava completamente fixada nela. Quando seus olhos de repente se voltaram para mim, pensei comigo mesmo que talvez ela tenha dito algo ruim sobre meu passado e talvez eles pensassem que eu era um homem louco.

Foi um pouco desconfortável no início, mas eu confiava que ela testemunharia em meu nome em uma missão verdadeira. Quando ela terminou, todos aplaudiram, então presumi que através do meu testemunho ela deu toda a glória a Deus.

Após o culto, um homem correu para meus braços e chorou como um bebê. Laiz não estava lá quando isso aconteceu, então eu não tinha ideia do que ele estava me dizendo. Quando Laiz se juntou a nós, ele explicou a ela como estava grato por ouvir meu testemunho. Ele então disse que tinha acabado de ser liberado de um programa de reabilitação de drogas.

Ele perguntou a Laiz se poderíamos ir ao centro de reabilitação de drogas, para que eu pudesse dar meu testemunho. Eu disse um sim absoluto. Fomos para lá dois dias depois. Muitos deles tiveram os mesmos problemas com os quais lutei durante grande parte da minha vida, só que em um idioma e país diferentes.

Depois de prestar meu testemunho, perguntei se eles tinham Bíblias. Eles disseram que a reabilitação não tinha fundos extras para comprá-los. Dissemos que tentaríamos conseguir algumas Bíblias para eles.

Quando voltamos para os EUA, Laiz comprou Bíblias e depois as entregou no centro de reabilitação de drogas. Deus a abençoe por isso...

Fomos à igreja do pastor Glauco no domingo seguinte. Após o culto, nos ocupamos preparando para a segunda rodada de alimentação das crianças pobres. Mais uma vez, me emocionei quando as crianças chegaram. Essa igreja tinha um campo de futebol no local, então enquanto preparávamos a comida as crianças jogavam futebol.

Antes de alimentar alguém, Laiz mais uma vez deu meu testemunho e Pastor Glauco deu um pequeno recado e abençoou a comida. Assim como da última vez, distribuímos Bíblias, roupas, brinquedos e alimentos para as crianças. Só que desta vez até serviram sorvete.

Pastor Glauco ama verdadeiramente Jesus e sei no meu coração que deveria conhecê-lo. Foi realmente uma 'coisa de Deus'. Somos grandes amigos até hoje.

Antes de voltarmos para casa, alguém nos contou sobre uma família que estava muito mal. Infelizmente, a mãe morreu deixando o pai cuidando dos 17 filhos. O pobre homem teve que trabalhar em dois empregos para sustentar a família e mesmo assim, não era suficiente. Suas condições de vida eram horríveis; o chão era feito de terra.

As paredes consistiam de plástico grosso pregado em vigas de madeira. As crianças tinham picadas de insetos por todo o corpo. A única eletricidade a que tinham acesso era a do vizinho, que lhes deu autorização para utilizar. Se não fosse isso, não conseguiriam usar a geladeira da cozinha que ficava ao lado do fogão.

Quando os conheci, fiquei tão triste com o ambiente e as condições de vida deles, que fomos ao supermercado e gastámos o resto do dinheiro do ministério, e até o nosso próprio dinheiro, em comida e outras coisas de que eles precisavam desesperadamente. Eu gostaria de tê-los conhecido quando chegamos.

Depois de sair da loja, pedimos ao pastor Glauco que se juntasse a nós, pois partiríamos em um ou dois dias e queríamos que ele soubesse da terrível situação deles. Ele imediatamente se envolveu.

No domingo seguinte, ele pegou as crianças na van da igreja e as levou para o culto religioso seguido de estudo bíblico. Um domingo, depois de ir buscar as crianças à igreja, ele conseguiu explicar claramente o Evangelho a uma mulher que ajudava a cuidar das crianças.

Louvado seja Deus, ela recebeu Cristo como Senhor e Salvador! Aleluia!!!

É notável o que conseguimos realizar em apenas dez dias no Brasil, com muito pouco dinheiro e sem um plano de ação pré-determinado. Como não louvar a Deus por abrir tantas portas para nós?

Não consigo expressar plenamente o quanto fico entusiasmado em compartilhar meu testemunho com outras pessoas. Cada viagem ao Brasil me permite fazer exatamente isso.

Até hoje, a maior cidade onde alimentamos foi em Uberlândia.

Mas independentemente da cidade, o mais importante é que eu possa falar em igrejas diferentes e conhecer mais pessoas, o que, como uma pessoa sociável, é uma coisa boa.

Melhor ainda, posso compartilhar o Evangelho de Jesus Cristo com eles...

Em duas ocasiões distintas, enquanto caminhava ao redor do lago, fui abordado por pastores e perguntaram se eu estaria disposto a falar em suas igrejas. Mesmo quando minha esposa e eu íamos às compras, as pessoas nos notavam. Alguns apontavam o dedo para mim e diziam que se lembravam de como meu testemunho os abençoou. Obrigado, Jesus.

Uma coisa que gostei muito de fazer na cidade natal de Laiz foi ir ao centro de Catalão com o único propósito de exibir faixas com frases bíblicas em português. Durante a semana do Natal, o Pastor Glauco e eu fizemos isso em três ocasiões distintas. Eu ficava de um lado da rua, ele ficou do outro lado. Só sei algumas palavras em português. Uma dessas frases era: "Jesus te ama".

Se alguém tentasse me perguntar alguma coisa, eu dizia que não falava português e depois dizia: "Jesus te ama".

A maioria agradecia. Vê-los lendo trechos bíblicos enquanto se afastavam foi bastante gratificante para mim. Eu só espero que, se eles ainda não estivessem salvos, a mensagem naqueles pequenos panfletos abrisse seus olhos e ouvidos espirituais para o Evangelho, e eles se arrependessem de seus pecados e confiassem em Jesus como Senhor e Salvador, poupando-os assim de uma eternidade no inferno.

Se você for a um país onde não fala o idioma deles, recomendo enfaticamente que leve consigo trechos bíblicos centrados no Evangelho, impressos no idioma deles. Em seguida, distribua-os a todos que encontrar e deixe a Palavra de Deus falar por você. Isso é algo que Deus definitivamente honrará.

Se Deus quiser, este ministério evangelístico no Brasil continuará a crescer. Por favor, mantenha-nos elevados em oração por isso.

Gostaria de agradecer novamente a Laiz Higgins por tudo que ela fez para ajudar a tornar possível essa missão de alimentação no Brasil. Se não fosse por ela, há boas chances de que isso não tivesse acontecido.

Laiz também ofereceu seu tempo como voluntária em inúmeras noites de segunda-feira, ajudando-nos a alimentar os sem-teto no centro de Orlando, Flórida.

HORA DE ALIMENTAR NAS RUAS DA FILADELFIA

Tudo o que posso dizer sobre alimentar a turma da Filadélfia é UAU!!! Ter o privilégio de alimentar aqueles que ainda estão presos nas ruas onde ocorreu a maior parte da minha miséria é difícil de colocar em palavras!

Durante décadas, a única razão pela qual estive nas areas pesadas foi para comprar ou usar cocaína. Resumindo, esse bairro costumava ser o final do meu dinheiro.

Independentemente de como conseguia o dinheiro, se trabalhei ou roubei, ele sempre acabava nas mãos dos traficantes. Todos eles conheciam meu rosto. Alguns até sabiam meu nome.

Agora que estava livre da cocaína, levei Laiz à Filadélfia para conhecer minha família pela primeira vez. Não havia alguma chance de não alimentarmos os sem-teto da minha cidade natal! Certa manhã, fomos ao *Walmart* comprar comida e depois fomos até a casa do meu irmão para preparar o almoço. Minha mãe, meu irmão e duas sobrinhas estavam esperando que chegássemos para ajudar.

Depois de preparar o almoço, procuramos um homem chamado Tony. Conheci Tony pelo *Facebook* um ano antes. Acontece que ele morava do outro lado do riacho, atrás da antiga casa dos meus pais. Louvo a Deus por não nos termos conhecido vinte anos antes. Se assim fosse, certamente teria sido um desastre prestes a acontecer. Ele tem uma formação semelhante à minha.

Mas Deus tinha outros planos para nós, conectando-nos no *Facebook*, para que pudéssemos servir juntos em nome de Jesus.

Que bênção ele é na minha vida até hoje. Quando o pegamos, foi como se nos conhecêssemos desde sempre. Em uma de nossas primeiras conversas telefônicas, Tony perguntou se eu tinha um primo chamado Andrew morando em Feasterville (Pensilvânia).

Eu disse que achava que não.

Então, ele falou: "Bom, agora não preciso me desculpar por roubar o carro dele!"

Eu ri e disse: "Mesmo se você fizesse isso, eu o perdoaria. Deus te abençoe, irmão."

Pensei que, à medida que nos aproximávamos da barra pesada, meu estômago se contorceria de dor por causa das muitas lembranças ruins criadas ali, mas não foi o caso. Eu mal podia esperar para chegar lá para poder me gabar de Jesus e compartilhar com eles o que Ele fez em minha vida.

Acontece que estacionamos perto do mesmo hospital para onde fui levado às pressas duas vezes, depois de ter convulsões induzidas por cocaína. Só de olhar para aquele prédio naquele dia, saber que os médicos de lá salvaram minha vida duas vezes — pelo menos fisicamente — encheu meu coração de gratidão.

Levei Laiz a alguns bairros assustadores de Orlando, mas mesmo durante o dia, ela nunca se sentiu tão assustada como na Filadélfia. Ela também sabia que estávamos seguros nas mãos de Deus. Eu nunca a teria trazido lá à noite.

Carregávamos sacolas do *Walmart* cheias de lanches quando nos aproximamos de nosso primeiro grupo de moradores de rua. Depois de perguntar se alguém estava com fome, ouvimos uma resposta familiar: "Sim, estamos morrendo de fome!"

Depois de dizer-lhes que dirigimos milhares de quilômetros desde Orlando, Flórida para alimentá-los e dizer que Jesus os ama, eles não conseguiam acreditar. Quando contei a eles sobre a miséria que suportei neste bairro por mais de duas décadas, muitos se inspiraram nisso. Alguns até disseram que meu testemunho lhes deu esperança.

Eles viram um milagre bem na frente deles. Enquanto pregava para eles, pude facilmente ver a dor em seus olhos, assim como eles viram Jesus nos meus! Isso realmente me atingiu com força! Minhas emoções tomaram conta de mim, sabendo que costumava ser eu.

Pela primeira vez na minha vida, estive neste bairro não por cocaína, mas por Jesus! E isso significava que eu não

precisava olhar por cima dos ombros com medo. A polícia estava monitorando todos sob as estações ferroviárias elevadas, mas eu não tinha motivos para me preocupar. Eu não tinha nada de ilegal comigo!
 Aleluia!!!
 Este foi um grande reforço ao meu testemunho. Cada vez que voltamos para Filadélfia, alimentamos e plantamos sementes de Jesus para todos com muito amor. Se Deus quiser, isto continuará por muito tempo no futuro, incluindo a alimentação dos moradores de rua em Nova Jersey, como já fizemos em diversas ocasiões.
 Se Deus quiser...

TEMPO DE PESCAR HOMENS NA FLORIDA

 Quando me mudei para a Flórida, disse ao meu irmão gêmeo que gostaria de pescar mais. Mal sabia eu que estaria pescando homens em vez de peixes! Foi colocado em meu coração começar a alcançar pessoas em outras cidades da Flórida – Jacksonville e Tampa foram as duas primeiras.
 Não tínhamos dinheiro para fazer isso, mas eu sabia que Deus havia colocado isso em meu coração por um motivo. Os membros do conselho sabiam que não poderíamos pagar, mas também viram o que Deus estava fazendo com este ministério e concordaram em continuar confiando Nele, apesar da nossa falta de recursos financeiros.
 Acreditávamos naquela época, e ainda acreditamos até hoje, que enquanto ficarmos fora do Seu caminho e sempre sairmos em nome de Jesus, tudo ficará bem. Então agora era hora de apoiar este plano com ação!

JACKSONVILLE, AQUI VAMOS EM NOME DE JESUS

Foi numa quinta-feira de maio de 2013 que preparamos 150 almoços e partimos para Jacksonville, na Flórida. Seis de nós fizemos a viagem. O irmão Bhrett dirigiu naquele dia.

Partimos às 14h. e cheguei a Jacksonville Beach algumas horas depois. Encontramos alguns moradores de rua que não comeram o dia todo. Eles ficaram gratos pela comida. Contei-lhes o que Jesus estava fazendo em minha vida e perguntei onde poderíamos encontrar mais moradores de rua para alimentar. Eles nos direcionaram para um lugar a três quilômetros dali.

Quando chegamos, vimos um monte de moradores de rua ali. Eles estavam por toda parte, na verdade!

Quando saímos do carro, dissemos a todos que estavam ouvindo: "Viemos desde Orlando para dizer que Jesus ama vocês". Eles ficaram realmente maravilhados e agradecidos. Pense nisso. Este foi realmente um amor radical.

Onde quer que vamos fora de Orlando, agora dizemos esta frase. É muito poderoso. Eles disseram que são alimentados ocasionalmente por ministérios e pessoas em Jacksonville, mas nunca por um ministério de Orlando.

Mais uma vez, muito legal, né? Depois de dar meu mini testemunho, nós os alimentamos e oramos por quem precisava de oração.

Uma mulher se aproximou pedindo oração. Ela estava chorando feito uma criança. Ela nos disse que nunca tinha sido uma sem-teto antes e que estava com medo pela sua vida! Enquanto orávamos, seus soluços ficaram mais altos.

Depois que terminamos de orar por ela, perguntei se ela tinha um relacionamento pessoal com Jesus Cristo. Ela disse que não, mas queria um. Uau! Orar com ela para receber Cristo como Senhor e Salvador foi o ponto alto da viagem para mim.

Onde quer que vamos alimentar, pedimos ao Espírito Santo que prepare os corações de todos os que seriam resgatados por Deus. Oro para que este tenha sido um momento do Espírito Santo em sua vida.

De qualquer forma, depois de receber Cristo como Senhor e Salvador, com meus próprios olhos, pude vê-la se acalmando. Oro para que sua conversão tenha sido real e que eu a veja novamente no Paraíso. Ela foi para um abrigo para mulheres.

Depois disso, dirigimos até o centro de Jacksonville. Quando chegamos já eram 23h. Vimos muitos moradores de rua espalhados por toda parte. Não saíamos até que todo almoço (ou deveria dizer lanche da madrugada?) fosse distribuído em nome de Jesus.

Na volta para Orlando, estávamos transbordando de alegria e decidimos que iríamos para Jacksonville uma vez por mês. Nunca perdemos um mês desde então. Acho incrível quantas pessoas estão nos esperando quando chegamos.

Muitas coisas boas aconteceram enquanto servimos em Jacksonville. Não posso deixar de ficar animado só de pensar no que Deus fará para nos surpreender a seguir. Usa-nos, Senhor, como só Tu podes...

TAMPA, AQUI VAMOS EM NOME DE JESUS

Duas quintas-feiras depois, preparamos 150 almoços e fomos para Tampa, na Flórida. Quatro de nós fizemos essa viagem. Saímos às 13h. Comparada a Jacksonville, esta viagem foi rápida.

Assim que chegamos, paramos em um posto de gasolina na Avenida Martin Luther King e na Avenida

Nebraska e alimentamos 12 homens e mulheres famintos em nome de Jesus.

Mais uma vez, dissemos: "Viemos desde Orlando para dizer que Jesus te ama". Assim como aqueles que alimentamos em Jacksonville, a maioria ficou grata.

Não encontramos grandes aglomerações de moradores de rua em Tampa naquele dia, apenas pequenos aglomerados espalhados aqui e ali. Estávamos realmente pescando homens e Deus certamente nos ajudou a encontrá-los! Oramos pelos que precisavam de oração e lhes dissemos que tentaríamos estar lá toda quarta quinta-feira do mês, se Deus quisesse.

Agora temos vários 'poços de água', se preferir, com cinco ou seis locais diferentes para pescar em Tampa... além dos retardatários que encontramos. Assim como em Jacksonville, estávamos cheios de alegria no caminho de volta para Orlando e decidimos que iríamos para Tampa uma vez por mês também.

Conhecemos muitas pessoas em Tampa e estamos ansiosos para ver quem Deus colocará em nosso caminho. Quando Tu liderares, nós seguiremos, Senhor!

DAYTONA BEACH, AQUI VAMOS EM NOME DE JESUS

No ano seguinte, em maio de 2014, enquanto comemorávamos nosso aniversário de um ano em Jacksonville, decidimos comemorar expandindo nosso ministério de alimentação para Daytona Beach, Flórida.

Dirigimos primeiro para Jacksonville para pescar e alimentar os sem-teto, depois partimos para Daytona Beach! Nessa época, éramos conhecidos por muitos em Jacksonville e fomos recebidos calorosamente por eles.

Quando lhes dissemos que era o nosso aniversário de um ano, eles não acreditaram. Como o tempo voa. Dissemos então a eles que íamos para Daytona Beach para alimentar os sem-teto de lá. Eles ficaram felizes em ouvir isso.

Chegamos a Daytona Beach por volta das 17h e, como na primeira vez em Jacksonville, encontramos alguns moradores de rua e dissemos que íamos de carro de Orlando até lá para dizer que Jesus os ama.

É incrível como uma frase tão fácil pode confortar tantas pessoas. Dissemos a eles que era a primeira vez que nós alimentávamos em Daytona Beach e perguntamos onde poderíamos encontrar mais moradores de rua para amar.

Eles nos levaram a um parque próximo à biblioteca da cidade. Quando chegamos lá, a polícia estava verificando as identidades para ver se alguém tinha mandados de prisão pendentes. Quando a polícia terminou, nós os alimentamos. Eles disseram que isso acontecia com frequência. Perguntamos se eles conheciam algum outro lugar onde poderíamos ir para alimentar e eles ficaram felizes em nos indicar a direção certa.

Mais uma vez, quando chegamos, os mesmos policiais estavam verificando novamente as identidades. Esperamos até que terminassem antes de alimentar os desabrigados de lá. Cada local que visitamos naquela noite tinha uma presença policial sólida. Esta foi realmente uma experiência reveladora para nós.

Embora vejamos atividade policial em outras cidades onde atuamos, não foi nada parecido com isto. Nem mesmo perto. Mas nem mesmo a polícia conseguiu impedir-nos de cumprir a nossa missão. No caminho de volta para Orlando, sabíamos que teríamos que adicionar Daytona Beach à nossa lista crescente de lugares para alimentar a cada mês.

Tanta coisa boa resultou disso até agora. Uma das minhas melhores lembranças de Daytona Beach aconteceu num sábado, quando aparecemos sem avisar e encontramos moradores de rua fazendo churrasco no que eles carinhosamente chamavam de "guisado vagabundo", que consistia em cachorro-quente, feijão cozido, carne moída e qualquer outra coisa que pudessem acrescentar. .

Foi colocado em uma lata enorme e coberto com molho barbecue, depois cozido em grelhas fornecidas pelo parque.

Depois de preparar a comida que levamos para eles, eles nos pediram para experimentar a comida, o que fizemos. Depois de dizer ao homem que estava gostoso, ele nos disse que a receita sempre mudava dependendo dos alimentos e ingredientes que eles tinham em mãos, e que da próxima vez poderia ser totalmente diferente. Estou feliz por ter provado. Numa escala de um a dez, dei cinco.

Depois de comer, brincamos de pega-pega com eles na grama. Por mais divertido que tenha sido o dia até aquele momento, não tínhamos ideia de que a principal razão pela qual Deus nos enviou para lá ainda nem tinha acontecido.

Enquanto estávamos arrumando o carro para voltar a Orlando, uma mulher com quem compartilhei meu testemunho anteriormente se aproximou de mim dizendo que queria conhecer Jesus como eu O conhecia.

Depois de compartilhar o Evangelho com ela, ela recebeu Jesus Cristo como Senhor e Salvador. Ela então pediu para ser batizada no rio situado próximo à área de piquenique. Que honra foi para mim! Na verdade, vou longe para dizer que foi um dos momentos mais legais da minha vida.

Foi totalmente inesperado, o que tornou tudo ainda mais gratificante.

Eu posso ouvir um amem?

Obrigado, Jesus, por me usar.

ST PETERSBURG, AQUI VAMOS EM NOME DE JESUS

Naquele mesmo mês, duas semanas depois, para ser mais preciso, enquanto comemorávamos nosso primeiro aniversário de alimentação em Tampa, decidimos expandir para St Petersburg, que ficava 40 quilômetros ao sul.

Depois de alimentarmos em Tampa, dirigimos até lá e ficamos bastante surpresos com os muitos desabrigados de lá. Ficamos ainda mais chocados ao saber que (naquela época) havia mais moradores de rua (per capita) em *St. Pete* do que em qualquer outro lugar da Flórida.

Estacionamos em um parque no centro da cidade e vimos corpos espalhados por todo o parque. Vendo os almoços ensacados, eles se levantaram da grama e se aproximaram de nós.

Foi inacreditável – quase como corpos saindo da sepultura. Jamais esquecerei a primeira vez que vi isso. Quando todos estavam reunidos, eu disse: "Viemos de Orlando só para dizer que Jesus ama vocês". Como todos os outros lugares que frequentamos para alimentar, a maioria ficou emocionada com o gesto. Antes de alimentá-los, como sempre, compartilhei meu testemunho com eles e li a Palavra de Deus.

Em poucos minutos, todos os almoços acabaram. Ao ver quatro moradores de rua cercados por policiais, fui até eles e perguntei à polícia se poderia alimentá-los. Eles disseram que sim, mas façam isso rapidamente porque todos iriam para a cadeia.

Eu realmente gostei que eles me deixaram alimentá-los antes de serem algemados. Claro, eu disse a eles que Jesus os ama. Foi um daqueles momentos da vida em que você simplesmente diz: "Uau!"

Quando voltávamos daquela viagem para casa, sabíamos que St Petersburg seria adicionada à lista de alimentação mensal.

Como não poderíamos, com tantos necessitados? O que mais um servo do Altíssimo poderia pedir?

MIAMI, AQUI VAMOS EM NOME DE JESUS

No dia 31 de janeiro de 2014, que por acaso é o aniversário do meu filho mais velho, expandimos o ministério de alimentação para Miami. De todas as cidades para onde viajamos na Flórida, Miami é a mais distante até hoje.

Meu irmão estava comigo em uma das viagens para Miami e colocou isso em perspectiva. Ele disse que esta viagem é como dirigir da Filadélfia (a cidade onde nascemos) até Richmond, Virginia e de volta para Filadélfia.

Ele estava certo. São bem mais de 550 milhas ida e volta. O trânsito é horrível em ambos os lugares. Naquela manhã almoçamos e seguimos para Miami sem nenhum plano a não ser pescar homens. Rapaz, encontramos muitos pontos de pesca!

A primeira parada que fizemos foi no centro de Miami. Saímos na saída 2 da I-95, viramos à esquerda na Miami Avenue e depois outra esquerda na 6th Street. Deparamo-nos com um mar de sem-teto; eles estavam por toda parte! Foi realmente um momento surreal.

No momento em que saímos do carro, eles estavam alinhados, um após o outro, esperando pela comida. Compartilhei meu testemunho com eles antes que um dos membros da diretoria e querido amigo e irmão em Cristo, Richard, transmitisse a mensagem.

Depois disso, nós os alimentamos. Com as sobras do almoço, exploramos a área em busca de mais bocas para alimentar. Não demorou muito para percebermos a grande necessidade que havia em Miami. A pergunta que sempre nos perguntamos era onde fica a igreja? Isto é algo que dizemos em todas as cidades onde nos alimentamos, mas é especialmente verdade em Miami!

De qualquer forma, dirigimos até um campo vazio e vimos muitos moradores de rua lá. Conhecemos uma prostituta chamada Latoya. Ela estava com fome e destroçada. Depois de alimentá-la, o irmão Richard orou por ela. Ela começou a chorar incontrolavelmente e recebeu Jesus Cristo como Senhor e Salvador. Sua conversão realmente pareceu genuína; Eu rezo para que tenha sido.

Havia um ponto de drogas do outro lado da rua onde estávamos alimentando. Era evidente que eles não ficaram muito entusiasmados em nos ver. Havia uma grande presença do mal ao nosso redor. Posso garantir que a força que demonstramos naquele dia não foi autogerada, veio de cima. Caso contrário, poderíamos ter temido pelas nossas vidas, especialmente porque a polícia nos tinha avisado para não irmos para lá, porque era um lugar perigoso.

Sabendo que nossa força era enviada do céu, em vez de fazer as malas e sair na Dodge como a polícia disse que faríamos se fôssemos espertos, permanecemos corajosamente ao lado de Cristo, dizendo: "Não levem a sacola de drogas deles! Em vez disso, leve nossa sacola de comida que foi preparada com amor."

Antes de partir, peguei os três últimos almoços e caminhei até um pequeno pedaço de árvores no meio de um campo onde estavam sentados três homens. Um homem tinha uma agulha no braço cheia de heroína. Outro tinha uma agulha entre os dedos. O terceiro estava preparando drogas numa colher.

Isso me pegou de surpresa e eu sabia que eles não estavam com vontade de me ouvir pregar para eles, então deixei o almoço e disse "eventualmente vocês ficarão com fome. Jesus ama você."

Certa vez, enquanto caminhava pelo campo, notei várias pessoas injetando drogas. Ao me aproximar deles, um homem puxou uma agulha do braço e veio em minha direção exigindo saber o que eu estava fazendo na vizinhança dele.

Eu disse a ele que estava lá em nome do meu Senhor e Salvador Jesus Cristo, e que dirigimos desde Orlando para dizer a ele e a todos os outros: "Jesus ama você".

Ele recuou ao ouvir isso e até me agradeceu pelo almoço. Isso aconteceu na seção *Overland Park* da cidade. Acredite em mim quando digo, não é uma área de Miami que você vê em cartões postais, especialmente a "Ponte do Inferno" – um lugar onde vamos alimentar uma vez por mês! Este lugar teve um impacto profundo na maioria dos que lá se alimentaram conosco. Outros parecem temer por suas vidas.

Certa vez, uma jovem que estava drogada na Ponte do Inferno se aproximou de meu irmão gêmeo vestindo apenas uma camiseta enorme. Ela perguntou se ele oraria por ela. Depois de orar por ela, meu irmão explicou-lhe a Palavra de Deus tão claramente que até mesmo alguém chapado poderia entendê-la facilmente. Ela derramou muitas lágrimas e perguntou se poderíamos dar-lhe uma Bíblia para guardar, o que fizemos.

Quando voltamos no mês seguinte, soubemos que ela foi atropelada e morreu.

Havia outro homem se preparando para injetar drogas em seus braços. Seu braço estava relaxado em uma parede de tijolos.

Enquanto eu distribuía o almoço e testemunhava, este homem levantou-se e disse: "Por respeito a você e a Jesus, não farei isso até que você vá embora".

Oro para que Deus honre isso. Oro também para que a fé dele seja do tamanho de um grão de mostarda e cresça exponencialmente!!

Eu gostaria de poder alimentar em Miami com mais frequência. Parece que ninguém se importa com essas pessoas. Tenho certeza de que há muitas igrejas na região de Miami que alimentam os sem-teto, só que nunca as vemos quando estamos lá. O que vemos é uma grande necessidade, dor e desespero. Estas coisas poderiam ser grandemente aliviadas se mais pessoas do povo de Deus atendessem ao Chamado e fizessem a sua parte para ajudar.

Ao voltar de Miami pela primeira vez, Richard disse que algo não parecia certo em Miami e que ele não voltaria.

Eu disse que entendia perfeitamente como ele se sentia, mas pessoalmente vi uma oportunidade incrível para o nosso ministério de alimentação, ou como às vezes digo, há muitos clientes lá.

Naquela noite, Richard disse que foi despertado pelo Espírito Santo e lhe foi dito para ser uma luz na escuridão em Miami. Ele e seu incrível filho, Noah, viajam conosco de vez em quando!

Um lugar em Miami que você vê em cartões postais é Miami Beach. Mais do que a maioria dos lugares na Florida, este lugar representa os "ricos" versus os "pobres" de tal forma que faria sua cabeça girar. Quando vamos lá para alimentar, nosso foco está exclusivamente naqueles que não têm.

Uma das melhores histórias que posso compartilhar com você aconteceu na noite anterior à qual escrevi isto. Mais cedo naquela manhã, meu irmão gêmeo e eu preparamos o almoço para alimentar os moradores de rua em Orlando, Fort Lauderdale e Miami. Um de nossos voluntários recolheu o almoço reservado para os moradores de rua em Orlando, meu irmão e eu enchemos a minivan com a comida e partimos para o sul da Flórida.

Depois de alimentar muitas pessoas em Fort Lauderdale e compartilhando a Palavra de Deus com eles, paramos em um *Walmart* local para comprar o que precisaríamos para alimentar os moradores de rua no dia seguinte. Partimos para Miami.

Assim que chegamos na Ponte do Inferno, quem nos conhecia ficou feliz em rever os meninos de Orlando, como nos chamam carinhosamente. Não demorou muito para que os almoços acabassem.

Depois de alimentá-los, nos hospedamos em um hotel e nos presenteamos com um jogo de beisebol entre Phillies e Marlins. Quando voltamos para o hotel, era pouco antes da meia-noite. Foi um dia longo e nós dois estávamos exaustos.

Mesmo assim, meu irmão resolveu dar um passeio na praia. Continuei tentando dissuadi-lo, dizendo que era tarde e que ele estava cansado e que havia muitos elementos ruins na praia, mas ele insistiu em ir. Ele nunca chegou à praia.

Depois de avistar um pequeno grupo de moradores de rua sentados em bancos de madeira sob um pavilhão no calçadão, ele percebeu que o motivo pelo qual deixou o hotel foi para encontrá-los.

Depois de explicar porque estávamos em Miami, ele me ligou confirmando que iríamos alimentá-los no dia seguinte.

Pedi ao meu irmão que perguntasse se eles estavam com fome. Eles disseram que sim. Eu disse a ele para avisar que faria sanduíches e salgadinhos para eles e que desceria em alguns minutos com o suficiente para todos.

Quando meu irmão disse a uma mulher, que estava sentada longe das outras, que a comida estava a caminho, ela ficou com os olhos marejados.

Quando entregamos a ela um saco de papel alguns momentos depois, a expressão de alívio e gratidão em seu rosto nos tocou profundamente. Foi inestimável.

Pessoalmente, o que vi em seu rosto apenas reforçou para mim por que Deus me chamou para este ministério – para amar os pequenos.

Embora fossem apenas oito pessoas, eles ficaram muito gratos, tão gratos quanto nós por podermos alimentá-los. Se meu irmão não tivesse saído do hotel, Deus não nos teria usado naquela noite e eles teriam ido dormir com fome.

Ah, ser escolhido e usado por Deus!

Na noite seguinte, assistimos ao início da temporada regular de futebol americano do Philadelphia Eagles derrotando o Atlanta Falcons, em nosso quarto de hotel. Cumprindo uma promessa que havíamos feito aos nossos amigos moradores de rua na noite anterior, fizemos sanduíches antes do início do jogo e os alimentamos durante o intervalo.

Como quis a providência de Deus, havia o suficiente para alimentar todos ali. Voltamos então ao quarto de hotel para o início do terceiro quarto.

Então, enquanto você lê isto, pergunte-se quantos moradores de rua em sua vizinhança irão dormir com fome esta noite porque os "ricos" da sua cidade estão muito focados em suas próprias vidas para sequer pensarem nos pobres.

Talvez Deus esteja usando essa história para incentivá-lo a sair e fazer a diferença na vida de alguém na sua vizinhança.

Se você é um verdadeiro filho do Deus Altíssimo e faz isso em nome de Jesus, sua recompensa no Céu será grande.

Quão incrível é isso?

Agora alimentamos os desabrigados em Fort Lauderdale cada vez que estamos em Miami. Nós até nos alimentamos uma vez em Key West, Flórida, o ponto mais ao sul dos Estados Unidos.

JESUS TE AMA, AME-O DE VOLTA NO MÉXICO

A viagem missionária ao México foi bastante memorável para mim. Como nunca estive lá antes, liguei para minha igreja e pedi para falar com um pastor que falasse espanhol.

Depois de explicar-lhe minha intenção, disseram que ficariam felizes em nos ajudar a encontrar uma igreja em Cancún que nos mostrasse aonde ir assim que chegássemos, com um membro bilíngue que pudesse traduzir meu testemunho para a congregação.

Em poucos dias, recebi um endereço de e-mail de um pastor chamado Daniel que tem uma igreja em Cancún. Mandei um e-mail para ele explicando quem eu era e depois compartilhei minha intenção de alimentar os pobres de lá em nome de Jesus.

Pastor Daniel respondeu mais tarde naquele dia expressando sua disposição em nos ajudar. E não só ele, mas toda a sua igreja. Ele também me convidou a prestar meu testemunho a eles.

Respondi dizendo que chegaríamos na semana seguinte e traríamos os lanches. Perguntei se ele teria a gentileza de comprar água engarrafada, pão, carne e queijo suficientes para nós, nós pagaríamos a ele assim que chegássemos lá.

Ele concordou em fazer isso. Ele me disse com entusiasmo que sua igreja estava procurando maneiras de alcançar a comunidade e talvez este fosse o pontapé inicial. Eu posso ter um amém?

Quando chegamos ao nosso hotel em Cancún, Pastor Daniel e alguns voluntários de sua igreja nos encontraram lá. Ele nos levou à sua igreja, onde fomos recebidos por uma dúzia de membros.

Depois de trocarem gentilezas, dois deles se ocuparam em escrever Jesus te ama, ame-o de volta, em espanhol, nas lancheiras que trouxemos conosco. Outros cortavam pãezinhos e os enchia com presunto e queijo. Duas crianças colocaram sucos, queijo, biscoitos e sacos de bolinhos dentro das embalagens de papel.

Enquanto observava tudo, pensei comigo mesmo que nenhum de nós se conhecia há cinco dias; agora estávamos fazendo almoços para alimentar as crianças pobres do seu país, em nome de Jesus. É como se estivéssemos fazendo isso juntos há muitos anos.

Quando terminamos, oramos antes de seguir para a região mais pobre de Cancún. Os 120 almoços que levamos acabaram rapidamente, sendo entregues a muitas crianças e famílias pobres. A alegria em seus rostos nos abençoou imensamente.

Isso realmente me surpreendeu.

Uma coisa que nunca esquecerei daquela viagem foi quando fomos de porta em porta distribuindo comida. Entramos em uma casinha suja e cheia de mofo. Havia apenas uma cama e muitas pessoas morando lá. Dei um mini depoimento para todos. A esposa do pastor Daniel, que é professora de inglês, traduziu para mim.

Obrigado pastor. Eu realmente não poderia ter feito isso sem você. É incrível como algo pode ser feito em tão pouco tempo quando Deus está no controle...

Após a alimentação, tive a honra de dar meu testemunho através da esposa do pastor Daniel, Rakuel, em sua igreja.

Deitado na cama naquela noite, me senti muito abençoado por ter passado o primeiro dia inteiro no México servindo outras pessoas em nome de Jesus.

Ao retornar do México, uma de nossas voluntárias de quarta-feira, uma mulher chamada Eunice, viu nossas fotos no *Facebook*. Ela iria para o México dentro de algumas semanas para visitar sua mãe e expressou interesse em ser voluntária na igreja do pastor Dan, para regar novamente as sementes que havíamos plantado.

Antes de partir para o México, Eunice conversou por telefone com o pastor Dan. Ele confidenciou a ela que a igreja precisava de uma nova tela de projeção. Juntamente com outra voluntária, uma mulher chamada Celimar, Eunice partilhou isto no seu grupo de oração de mulheres.

Todos estavam ansiosos para ajudar a fazer acontecer. Uma mulher até fez joias para vender e ajudar a causa.

Ao chegar ao México, Eunice viajou duas horas até a igreja do Pastor Dan para ajudá-los a alimentar os pobres e dar-lhe o dinheiro que haviam arrecadado para uma nova tela de projeção. Pouco depois desta viagem missionária, a irmã Eunice voltou para casa para estar com o Senhor.

Sempre adoro ouvir sobre esses momentos discretos que o mundo nunca ouve, mas todos eles foram registrados no Céu pelo próprio Deus Todo-Poderoso.

JESUS TE AMA, AME-O DE VOLTA EM NOVA ORLEANS

Na Primavera de 2017, Gilbert Montez – um dos servos mais fiéis do ministério que construiu a caixa de sapatos de madeira, perguntou se eu gostaria de fazer uma viagem missionária com ele a Baton Rouge, Louisiana.

Tecnicamente era Denham Springs. Organizada através da Operação Benção, fundada por Pat Robertson, a nossa tarefa consistia em destruir casas que tinham sido inundadas antes de poderem ser reparadas.

Concordei em ir com ele entusiasticamente.

Quando chegamos lá, conhecemos muitos voluntários de todo o país. Foi incrível ver. Trabalhamos muito, mas foi muito gratificante. Eles nos alimentavam diariamente com café da manhã e jantar, e todas as noites dormíamos em catres em uma igreja local, na seção masculina.

Entre os incríveis voluntários que conhecemos estava um grupo de menonitas do Texas. Todas as manhãs, quando acordávamos e todas as noites, antes de dormir, eles faziam serenatas para nós com música gospel dos velhos tempos. Foi tão bonito.

Eram um grupo de homens alegres que sempre tinham sorrisos no rosto, mesmo quando trabalhavam. Nossos corpos doíam todas as noites, mas era uma dor boa.

O fato de Gilbert fazer esse tipo de trabalho para viver significava que ele estava em seu elemento. Quanto a mim, fiz o melhor que pude.

No nosso último dia lá, decidimos ir de carro até Nova Orleans para alimentar os sem-teto de lá, antes de voltarmos para a Flórida. Quando partilhámos isto com os outros voluntários, eles ajudaram-nos a preparar os almoços.

Depois do café da manhã daquele dia, junto com cerca de 20 voluntários, preparamos 150 almoços. Antes de partir para Nova Orleans, oramos juntos e nos despedimos.

Por mais que eu amasse voltar para casa e limpar a bagunça, alimentar os sem-teto era o que me completava, por assim dizer..

Quanto mais nos aproximávamos de Nova Orleans, mais entusiasmados ficávamos, sabendo que iríamos pescar homens.

Quando chegamos, quase não víamos moradores de rua. Finalmente, quando chegamos à *Bourbon Street (*famosa rua da cidade*)*, alimentamos aproximadamente 15 deles. Por toda a rua, literalmente sentíamos o mal escorrendo dos prédios. Aquele lugar precisava de mais pessoas para serem luzes para Jesus!

Encontramos um posto de gasolina a cinco minutos de distância, tivemos que fazer meia-volta para chegar até ele. Foi lá que vi cerca de cem homens e mulheres sem-teto do outro lado da rua.

Meus olhos brilharam: "Gilbert, olhe para todos os moradores de rua do outro lado!"

Ele olhou e sorriu, nós dois dissemos: "Obrigado, Jesus".

Depois de encher o tanque, atravessamos a rua carregando toda comida que tínhamos. Como na maioria dos outros lugares, eles ficaram completamente maravilhados depois de ouvirem que dirigimos desde Orlando, Flórida, apenas para alimentá-los e dizer-lhes que Jesus os ama.

Depois de dar um amor intenso aos sem-teto, Gilbert e eu nos presenteamos com um jantar cajun (típico da

Louisiana). Cara, que sensação maravilhosa nós dois tivemos ao voltar para a Flórida!

Oro para que Deus abra a porta para que possamos alimentar novamente em Nova Orleans algum dia, em Seu poderoso nome. Se Deus quiser...

JESUS TE AMA, AME-O DE VOLTA EM CHICAGO

Sempre quis fazer uma viagem missionária em algum lugar dos Estados Unidos apenas com os homens. Em março de 2017, meu irmão gêmeo me disse que Chicago estava em seu coração. Um dia depois, também estava no meu.

Naquela época, as taxas de homicídios e criminalidade em Chicago estavam bem altos. Infelizmente, não melhorou. Na verdade, só piorou.

Uma das maneiras de arrecadar dinheiro para o ministério é arrecadando fundos em supermercados locais na Flórida Central. No topo da lista está o supermercado *Publix*. Eles têm sido tão bons para nós. Sinceramente, não sei onde estaríamos sem a ajuda deles.

O dinheiro que arrecadamos lá vem por meio de doações de clientes em suas lojas, que é usado principalmente para alimentar os sem-teto na Florida. Mas as doações em moedas que recebemos, que às vezes são muitas, são destinadas a viagens missionárias a cidades fora da Flórida, onde ainda não havíamos alimentado os desabrigados.

Embora o valor que levantamos antes daquela viagem não tenha sido suficiente para financiar toda a viagem, ele pagou uma boa parte dela.

Um total de sete voluntários viajaram para Chicago, oito incluindo meu bom amigo Cory, que morava nos subúrbios da cidade. Outro bom amigo e irmão em Cristo,

Michael Ward, dirigiu seu caminhão de 18 rodas da Geórgia até Illinois para se juntar conosco.

Meus dois irmãos biológicos, Kevin e Brian, vieram da Filadélfia, assim como um bom amigo da família de vários anos, Charles Culmer. Sim, aquele que muitas vezes parava em qualquer restaurante onde trabalhei durante meus dias de dependência de drogas para orar por mim. Agora ele ficou surpreso ao ver o que Deus estava fazendo em minha vida.

Meu irmão gêmeo, o coordenador de voluntários, Joshua Mendez e eu, alugamos uma minivan, empacotamos tudo que precisaríamos para a viagem e dirigimos de Orlando até a Cidade dos Ventos (Apelido de Chicago).

Saímos de Orlando no dia 1º de maio. Inicialmente, planejávamos seguir direto para Chicago, mas com o passar do dia ficamos cansados e decidimos passar a noite em Frankfurt, Indiana.

Quando acordamos na manhã seguinte, enquanto tomávamos café da manhã no saguão do hotel, meu irmão sugeriu que preparássemos o almoço antes do check-out. Dessa forma, quando chegássemos a Chicago, poderíamos começar a trabalhar imediatamente.

Fui até a recepção e perguntei se poderíamos fazer almoços na área de café da manhã. Não só a mulher, que por acaso era dona do estabelecimento, disse sim ao meu pedido, como a sua filha e os seus pais ajudaram-nos a preparar 225 almoços para os sem-abrigo em nome de Jesus.

Depois de preparados os almoços, perguntei se poderia orar por eles. Eles disseram que sim. O que tornou tudo ainda mais notável foi que eles eram hindus! Demos as mãos e oramos, pedindo ao Espírito Santo que atraísse seus corações para Jesus, e também que Deus os abençoasse ricamente por seu serviço em nosso ministério.

Quando terminei de orar, mãe e filha tinham lágrimas nos olhos. Eu oro para que Deus resgate eles dos falsos profetas e os deem vida eterna através de Cristo.

Depois de nos hospedarmos no hotel em Chicago, perto do Aeroporto Internacional O'Hare, dirigimos para o centro da cidade com Cory – que nos encontrou no hotel – em busca de moradores de rua para alimentar. Foi gratificante e satisfatório pescar homens na Cidade dos Ventos.

Não demorou muito para que todos os 225 almoços que preparamos em Frankfurt, Indiana, fossem distribuídos em nome de Jesus. Foi uma ótima maneira de iniciar a viagem missionária. Nunca esquecerei um homem que conheci chamado Brian. Ele morava em uma tenda situada sob uma pequena ponte perto de Rua Lakeshore. Ficava a poucos passos do Lago Michigan. Os fortes ventos que sopravam do lago naquele dia nos rasgaram como uma faca quente na manteiga.

Bati na barraca de Brian e lhe entreguei um almoço. Ao prestar meu testemunho a Brian, ele começou a chorar, dizendo que estava onde eu costumava estar.

Depois de orar com ele, eu lhe disse que estaríamos em Chicago nos próximos cinco dias e que alimentaríamos todos os dias que estivéssemos lá.

Na manhã seguinte, depois de tomar café da manhã no *lobby* do hotel, partimos novamente para o *Walmart* para comprar tudo o que precisaríamos para alimentar naquele dia.

Como sempre, dissemos a todos que alimentamos que viemos de Orlando para dizer que Jesus os ama, e eles ficaram maravilhados. No segundo dia, pudemos dizer que, além de termos vindo de Orlando, Kevin, Brian e Charles vieram da Filadélfia, e Michael veio da Geórgia.

Repetimos esse gesto todos os dias que estivemos lá – alimentando centenas de desabrigados e amando-os verdadeiramente.

Ter meus dois irmãos e Charles vindo da Filadélfia para alimentar os sem-teto conosco em Chicago, em nome de Jesus, foi algo indescritível. Todos os três foram fundamentais para tornar essa missão um sucesso.

Crescendo como fãs dos Phillies, fomos brindados com um jogo dos Phillies-Cubs no *Wrigley Field*. Poder ir para lá com nossos irmãos da Filadélfia era algo que estava na lista de desejos. Estava muito frio naquele dia, eu falei aos meus irmãos que porque estava tão frio o jogo provavelmente teria entradas extras. Com certeza, aconteceu.

Quando o jogo chegou à décima terceira entrada, embora sejamos grandes fãs dos Phillies (sem contar Michael Ward e Cory Lewis), estava tão frio que nos juntamos aos fãs dos Cubs gritando: "Vamos Cubs! Termine este jogo!" Eu sei que foi tolice da nossa parte abandonar o dos Phillies tão rapidamente, mas estava tão frio naquele dia que você pensaria que estávamos em um jogo do Bears-Eagles em meados de dezembro, em vez de um jogo do Cubs-Phillies em maio.

De qualquer forma, a experiência no *Wrigley Field* foi tudo o que eu poderia ter esperado que fosse. A única coisa que teria melhorado seria se meu irmão Jim e meu falecido pai estivessem conosco.

Depois do jogo, saímos para alimentar novamente. Conhecemos um casal vietnamita que estava casado há 30 anos e tinha um ministério de alimentação na Cidade dos Ventos.

Eles nos levaram a vários lugares subterrâneos no centro de Chicago, onde dormiam moradores de rua. Apesar de muitos ratos serem vistos por todos os lados, os moradores de rua dormiam lá porque era melhor do que morrer congelado nas ruas. Um deles, depois de receber um lanche, disse-nos que se não comessem imediatamente, os ratos poderiam servir-se deles.

Depois de alimentar em alguns outros locais do centro da cidade, esse maravilhoso casal piedoso nos ofereceu uma incrível refeição vietnamita. Eles disseram que da próxima vez que visitarmos Chicago nos mostrarão ainda mais lugares onde os sem-teto ficam. Não me diga que não foi Deus!

A título pessoal, o irmão Joshua realmente brilhou em Chicago. Lembre-se, faz apenas dois anos que ele próprio era um sem-teto, e de um jeito muito ruim. Agora, ele estava usando roupas novas, cheirava bem, tinha um novo corte de cabelo e realmente parecia pertencer ao hotel, em vez de como nos velhos tempos, quando sempre era pedido para ele deixar o local.

Cada vez que a equipe da recepção o via, dizia "Olá Senhor". Seu rosto iluminava a cada vez e ele abria o mais caloroso dos sorrisos. Ele se sentia como se fosse o dono do hotel!

Todas as manhãs, bem cedo, ele se juntava à equipe para tomar café da manhã no restaurante do *lobby* do hotel, antes de ir ao *Walmart* para comprar os itens necessários para a alimentação daquele dia.

Antes de sair do hotel para alimentar os sem-teto no centro de Chicago, Joshua descia no elevador até o saguão com um carrinho de bagagem cheio de almoços embalados. Depois de colocá-los na van, ele repetia o processo até que todos os almoços estivessem no carro.

Joshua realmente inspirou não apenas nossa equipe de voluntários, mas também todos que trabalharam no hotel. Estou muito orgulhoso de você, Joshua!

Chicago foi um sucesso completo para honra de Jesus. Foi ótimo dizer essas duas palavras incríveis com a equipe e essas duas palavras foram Missão Cumprida – pelo menos naquela viagem!

Alguns anos depois, fiquei chocado e triste ao saber que Joshua havia sido atropelado por um carro e que não sobreviveria aos muitos ferimentos graves. Sempre que penso nele, penso nessa viagem em particular. Na verdade, Joshua estava no seu melhor momento em Chicago.

Posso dizer honestamente que não há uma única pessoa que eu conheça que o tenha conhecido, que não sinta falta dele até hoje.

JESUS TE AMA, AME-O DE VOLTA EM LAS VEGAS E LOS ANGELES

Em junho de 2017, Laiz e eu fizemos uma viagem missionária a Las Vegas e Los Angeles. Que experiência inacreditável tivemos! Quando pousamos em Las Vegas a temperatura era de 47 graus Celsius.

Se você nunca experimentou esse tipo de calor antes, tente imaginar um secador de cabelo pairando sobre sua cidade ligado no máximo, soprando ar quente em seu rosto o dia todo. Em poucas horas, minha garganta estava dolorida. Escolhemos Las Vegas por causa do seu apelido – Cidade do Pecado. Sabíamos que haveria muitos lá para amar.

Depois de nos hospedarmos em nosso hotel, fomos ao *Walmart* comprar as coisas que precisávamos, preparamos 150 almoços e fomos alimentar os moradores de rua na Cidade do Pecado. Foi a minha primeira vez naquela cidade em mais de 30 anos. Não é a mesma cidade de forma alguma. Cresceu muito. Louvado seja Deus, eu também.

Com alertas de calor extremo emitidos, dirigimos por toda a cidade, encontrando e alimentando os desabrigados. Os avisos de calor excessivo permaneceram em vigor durante os seis dias que estivemos lá. Estava um calor sufocante!

Eu não conseguia entender por que os moradores de rua tinham que se defender sozinhos naquelas temperaturas insuportáveis. Com as escolas fechadas para as férias de verão, você pensaria que eles abririam um ou dois ginásios para ajudar a mantê-los frescos e hidratados.

Além de nós dois, as únicas outras pessoas que vimos ajudando os sem-teto foram um casal distribuindo água fria para eles. Tenho certeza de que muitos outros alimentam os sem-teto em Las Vegas, incluindo igrejas, mas simplesmente não os vimos.

Mais uma vez, pudemos dizer: "Viemos de Orlando, Flórida, para dizer que Jesus te ama!" Eu sei que pareço um disco quebrado, mas é realmente um amor intenso.

Quando voltamos para o hotel, estávamos exaustos! Mas nada nos impediria ou mesmo nos atrasaria no cumprimento da nossa missão, a despeito do calor sufocante.

No segundo dia, encontramos um lugar onde estavam cerca de cem moradores de rua. Definitivamente era "o ponto" de Las Vegas. Quando saímos do carro com o almoço em mãos, a polícia de Las Vegas estava lá. Perguntamos se poderíamos alimentar os desabrigados e eles disseram que sim. Eles até nos agradeceram por fazer isso.

Depois de saber de onde éramos, eles disseram àqueles que estávamos ali para alimentar que nos tratassem com respeito, o que fizeram. Nunca nos sentimos como se estivéssemos em perigo. Então, novamente, sabíamos que estávamos sendo protegidos sobrenaturalmente, não importa o que acontecesse.

Não demorou muito para distribuir todos os alimentos. Agora que sabíamos onde iríamos alimentar nos próximos três dias, tivemos mais tempo para ficar com eles e ler a Palavra de Deus. Mesmo no calor escaldante, eles foram receptivos a isso. Muitos pareciam famintos pela Palavra de Deus.

Obrigado, Senhor, por fazer isso acontecer.

Um homem que estava almoçando me perguntou onde preparávamos esses almoços. Dissemos a ele que acordávamos de manhã cedo para comprar os ingredientes no mercado e voltavamos ao hotel para preparar os sanduíches garantindo que estivessem frescos na hora de serví-los.

Ele estava com lágrimas nos olhos e disse que provavelmente éramos as únicas duas pessoas em Las Vegas comendo com os moradores de rua. Ele continuou nos agradecendo e nós continuamos dando glória a Deus.

Sentimo-nos bem por dentro, mas também tristes ao pensar que o que ele disse era provavelmente verdade.

O último dia em Las Vegas foi um pouco estranho – mas no bom sentido. Dizer adeus aos nossos novos amigos (espero que muitos fossem novos irmãos e irmãs em Cristo) foi como dizer adeus a pessoas que conhecíamos desde sempre. Eles ficaram muito gratos, mas tristes por estarmos partindo. Dois caras, ambos chamados Michael (vai entender), vieram até mim em dois parques diferentes e me abraçaram e perguntaram se eu poderia orar por eles novamente. Ambos os homens ficaram com lágrimas nos olhos após a oração e eu realmente oro para que Deus os responda.

No dia seguinte, acordamos às 5h, fizemos 150 almoços e partimos para Los Angeles. Desde meu êxodo da Califórnia nos anos 80, estive no *Estado Dourado* com meu irmão apenas uma vez, em uma viagem de negócios nos anos 90. Agora livre das drogas, eu estava animado por estar de volta à Cidade dos Anjos.

Demorou quatro horas para chegar lá. Quanto mais nos aproximávamos de Los Angeles, mais animado eu ficava. Memórias inundaram minha mente dos dias que morei no north de Hollywood – boas e ruins. A boa notícia é que as lembranças ruins eram apenas isso, lembranças! Mas o mais importante é que fui perdoado por essas lembranças ruins! Obrigado, Jesus.

Há trinta anos, deixei lá uma bagunça completa. Agora eu estava voltando como uma nova criatura com uma mensagem de esperança para compartilhar com todos que quisessem ouvir! Fomos para o centro de Los Angeles, especificamente para um lugar chamado S*kid Row*. Quando morei em Los Angeles, nunca tinha ouvido falar desse lugar.

Quando chegamos, parecia que havíamos entrado em uma zona de guerra! Eu não me sentia tão sobrecarregado desde minha primeira viagem ao centro de Miami. Sempre chamei Miami de "Pequena L.A.", mas o centro de Miami é bem menor em comparação com o centro de Los Angeles.

Para onde quer que olhássemos, víamos um mar de moradores de rua oprimidos! Dirigimos sem saber onde estacionar, muito menos por onde começar. Tudo o que sabíamos era que não tínhamos comida suficiente para todos. Nem perto! Em sua mente, tente imaginar oito quarteirões indo em todas as direções, cheios de barracas, barracas improvisadas, caixas de papelão e centenas de pessoas perdidas e feridas, e você terá uma boa ideia do que encontramos naquele dia.

Finalmente estacionamos o carro. Assim que nos viram almoçando no carro, eles se aglomeraram ao nosso redor em grande número. Não consegui dar meu testemunho completo, mas fiz com que soubessem que éramos de Orlando e que estávamos lá em nome de Jesus.

Contei-lhes o que Jesus estava fazendo em minha vida e que Ele era capaz de fazer o mesmo por eles.

Distribuí almoços rapidamente e Laiz também. Só assim as refeições acabaram e percebi que não conseguia vê-la. Fui até a esquina e olhei para a esquerda e a vi distribuindo seu último almoço a cerca de 15 metros de distância.

Corri até ela e disse: "Você fez um ótimo trabalho, mas nunca mais saia do meu lado em uma situação como esta!"

Nunca nos sentimos em perigo, porque sabemos que aconteça o que acontecer estamos protegidos, mas ainda precisamos estar atentos ao que nos rodeia. Ela não fez nada de errado, apenas alimentar os sem-teto a levou rua acima. Eu estava muito orgulhoso dela – ela não tinha medo.

Muitos ficaram maravilhados quando souberam que viemos de Orlando para alimentá-los. Alguns ficaram desapontados quando ficamos sem almoço, mas a maioria entendeu e ficou grata por podermos alimentar tantas pessoas.

Quando saímos de Los Angeles, senti tristeza em meu espírito pelos muitos que estavam perdidos e feridos. Mesmo enquanto escrevo isto, ainda não consigo removê-los da minha cabeça ou do meu coração. Se for a vontade de Deus, voltaremos para Los Angeles e Las Vegas com ainda mais voluntários e garantiremos que tenhamos comida, roupas, produtos de higiene pessoal e Bíblias suficientes para distribuir.

JESUS TE AMA, AME-O DE VOLTA EM NASHVILLE, TENNESSEE

Nashville foi uma viagem missionária repentina em sua maior parte. O irmão Gilbert Montez e eu estávamos indo mais uma vez a algum lugar para pregar o Evangelho, assim como fizemos em Nova Orleans.

Ficamos na casa de uma família adorável, que começou como amiga de Gilbert, mas quando partimos, eles também eram meus. Aterrissamos de manhã cedo em Nashville e começamos a correr.

Fomos ao *Sam's Club* comprar a comida para o almoço e percebemos que estávamos a uns 32 quilômetros de onde estávamos hospedados e a 32km de onde iríamos alimentar. O irmão Gilbert perguntou pelo gerente da loja e disse-lhe quem éramos e o que estávamos fazendo.

Gilbert explicou a situação geográfica e perguntou se poderíamos fazer os almoços lá no Sam's Club para ganhar tempo.

O gerente concordou em nos deixar fazer isso. Na verdade, ele ficou bastante entusiasmado e permitiu que fizéssemos as refeições na praça de alimentação da hipermercado.

Muitos funcionários e clientes perguntaram o que estávamos fazendo. Ao saber que havíamos acabado de chegar de Orlando para alimentar os sem-teto em Nashville pelos próximos cinco dias, muitos ficaram surpresos.

Também fizemos questão de elogiar o gerente por ter sido tão gentil em nos deixar preparar os almoços em seu estabelecimento. Muitos nos agradeceram por nos importarmos o suficiente para alimentar as pessoas de suas cidades. Alguns foram levados às lágrimas...

Rapidamente ficamos sem almoço. Dissemos às pessoas que alimentamos que ficaríamos em Nashville por cinco dias e, se Deus quiser, estávamos ansiosos para servi-los todos os dias e passar tempo com eles.

Um homem veio até mim e me agradeceu pelo almoço. Ele então me agradeceu por alimentá-lo muitas vezes quando ele morava em Jacksonville, Flórida. Uau! Adoro ouvir histórias assim.

No dia seguinte, outro homem veio até mim e disse exatamente a mesma coisa e eles nem se conheciam.

No sábado, fizemos parceria com um ministério chamado 615, que é o código de área de Nashville. Suas refeições semanais são muito maiores que as nossas. Mesmo assim, fazemos a mesma coisa: ambos damos a Deus todo o louvor, honra e glória.

Se você estiver na área de Nashville e quiser servir os mais necessitados, recomendo fortemente procurar o grupo 615.

JESUS TE AMA, AME-O DE VOLTA NAS FILIPINAS

Além da ocupada carreira de autor cristão do meu irmão gêmeo, ele tem um ministério nas Filipinas desde 2006.

Além de pregar a Palavra de Deus para muitos ali, ele também alimenta os pobres e desabrigados. A primeira alimentação que o meu irmão patrocinou nas Filipinas foi em 2011, depois de um tufão ter devastado a parte sul do país – em Mindanao – causando inundações por toda a região. Muitas vidas foram perdidas e muitas casas foram destruídas.

Naquela época, meu irmão tinha acabado de escrever um livro que aconteceu nas Filipinas. Ele decidiu enviar todos os lucros da venda de seus livros diretamente para as vítimas das enchentes, pedindo aos amigos que comprassem livros aqui nos EUA. Ele até falou em igrejas filipinas em todo o país buscando doações para enviar ao filipinos.

Muitos aproveitaram a ocasião e doaram generosamente. O dinheiro foi então transferido para pessoas de confiança nas Filipinas, que fizeram o resto, fornecendo refeições quentes para aqueles que perderam tudo. Alguns dos voluntários de bom coração foram eles próprios vítimas das enchentes.

O foco do meu irmão agora é alimentar as crianças de rua de lá. Assim como no Brasil, e diferentemente daqui nos EUA, não há muitas opções para as crianças sem-teto se exercitarem por lá.

Foi uma honra e uma bênção para o Jesus te Ama, Ame-o De Volta co-patrocinar algumas dessas alimentações. O primeiro foi em 2016. Co-patrocinamos mais alguns desde então.

Alguns dos voluntários de lá pediram, e receberam permissão, para baixar o logotipo Jesus Te Ama, Ame-o De Volta, para que pudessem fazer camisetas para usar ao alimentar os mais necessitados.

Quão maravilhoso é isso?

Recentemente, enviamos um pacote carregado com camisetas e pulseiras Jesus te Ama, Ame-o De Volta e roupas para as crianças de lá. As Filipinas são o quarto país onde temos voluntários alimentando os desabrigados vestindo nossas camisetas Jesus te Ama, Ame-o De Volta.

Se Deus quiser, continuaremos patrocinando alimentações lá nos próximos meses e anos, e enviaremos ainda mais remessas para eles...

O AMOR É CONTAGIOSO

Deus nunca para de me surpreender com as pessoas que Ele enviou durante minha caminhada. Milhares de voluntários juntaram-se a nós nos dez anos em que alimentamos os sem-teto, com idades entre 1 e 90 anos!

Desde então, alguns começaram a criar suas próprias alimentações. Uma das primeiras foi iniciada por um grupo de estudantes da UCF (Universidade da Florida Central). Cerca de 30 a 40 pessoas ofereceram seu tempo conosco para alimentar os sem-teto. Isso durou cerca de 4 meses.

Numa segunda-feira à noite, antes da alimentação, o líder do grupo me disse que esta seria a última alimentação deles conosco. Quando perguntei por quê, ele me disse que começariam seu próprio programa de alimentação a partir do domingo seguinte! Fiquei impressionado com o que ouvi!

Agradeci-lhes pelo seu serviço e disse-lhes como me sentia honrado por tê-los como voluntários conosco. Pelo que eu sei, eles ainda estão alimentando até hoje. Obrigado, Jesus!

Outro homem, depois de alimentar conosco durante dois anos, acabou por diversificar e começou a alimentar em outro local a cada duas semanas. E duas das igrejas e grupos de vida que ocasionalmente alimentaram conosco, desde então se ramificaram e agora estão se alimentando em duas cidades locais na Flórida.

O que posso dizer? Deus está agindo!

Em janeiro de 2015, fui à Filadélfia visitar minha família com meu irmão gêmeo. Ao visitar um amigo (que sabe tudo sobre o meu passado), ele perguntou se eu gostaria de dar meu testemunho na igreja dele.

Depois de esclarecer tudo com seu pastor, fui ao estudo bíblico de sexta-feira à noite. O pastor disse que adoraria que eu desse meu testemunho.

No dia em que dei meu testemunho, cerca de 40 a 50 pessoas estavam lá para ouvir. Quando terminei, disse à congregação que alimentaria os sem-teto no dia seguinte, no Feriado de Martin Luther King, e se alguém quisesse se juntar a mim, nos encontraríamos na igreja às 10h.

Como estava muito frio lá fora, pedi-lhes que trouxessem jaquetas, cobertores, meias e suéteres extras que gostariam de doar para a causa. Também pedi que trouxessem de casa qualquer comida extra que não iriam comer, desde que o prazo de validade ainda não tivesse expirado. Já tínhamos comida suficiente, mas pensei: por que não encher os sacos até a borda?

No dia seguinte, meu irmão gêmeo e eu chegamos à igreja e encontramos cerca de 50 pessoas esperando por nós na cozinha dentro do porão, prontas para servir em nome de Jesus. Aleluia! Enquanto escrevo isto, lágrimas de alegria enchem meus olhos. Eles ainda trouxeram jaquetas, cobertores, meias, suéteres, produtos de higiene pessoal, comida e muito mais.

Ligamos na rádio K-LOVE e nos ocupamos preparando o almoço. Quando terminamos, formamos um círculo de oração e o irmão Jason leu Mateus 25:31-46 em voz alta para todos.

Então falei por um tempo, e fiquei bastante emocionado, antes do Pastor orar por nós antes de sair para as trincheiras. Acabamos alimentando e vestindo muitos que estavam com frio e fome naquele dia em nome de Jesus. Tenho certeza de que fizemos nosso Rei sorrir.

Depois o pastor me chamou de inspiração, dizendo que nunca esqueceria o impacto que a alimentação teve sobre ele. Melhor ainda, ele me disse que sua igreja pegaria a tocha, por assim dizer, e continuaria alimentando mensalmente os desabrigados daquele local!

Meu irmão e eu voltamos para Filadélfia no final daquele ano, para passar o Natal com nossa família e assistir ao culto de véspera de Natal nesta igreja. Não só eles ainda estavam alimentando mensalmente, como o pastor me disse que a igreja alimentaria os sem-teto no dia seguinte, no dia de Natal, para ser mais preciso!

Como eu disse – o amor é contagiante!!!

Onde moro na Flórida, conheci um homem chamado Andrew Gibson durante uma arrecadação de fundos em um supermercado local. Ele me disse que estava trabalhando como voluntário em outro grupo, mas que realmente não era para ele.

Ele então perguntou sobre como nosso ministério funcionava. Eu disse a ele que alimentamos os sem-teto, pura e simplesmente! Quer sejam refeições quentes ou almoços embalados, que venham até nós ou nós vamos até eles, o importante é que façamos tudo em nome poderoso de Jesus.

Desde então, Andrew tem servido conosco de alguma forma. Além de alimentar nas noites de segunda-feira e ocasionalmente viajar conosco pelo estado da Flórida, ele também sai sozinho aos sábados e domingos alimentando em nome de Jesus.

Andrew tem um sorriso contagiante que sempre me inspira. Melhor ainda, ele não me diz o que vai fazer, apenas faz. Ele ocasionalmente envia fotos – por mensagem de texto – enquanto alimenta os sem-teto. Nunca para de colocar um sorriso no meu rosto.

Deus te abençoe, Andrew. Continue por Jesus!

Meu bom amigo e irmão em Cristo, Jeff Bradshaw, que é um fiel apoiador, membro do conselho e voluntário – até prega a Palavra ocasionalmente em nossas refeições de segunda-feira à noite no centro de Orlando – saiu de férias no México com sua esposa, Debbie.

Num domingo de Páscoa, dei uma olhada na minha conta do *Facebook* e, vejam só, vi fotos de Jeff e Debbie fazendo almoços e escrevendo Jesus te ama, ame-o de volta nos recipientes.

Eles alimentaram os pobres e os desabrigados no México no Domingo de Páscoa – durante as férias! Quão incrível é isso! O amor é realmente contagioso.

Para encerrar esta seção, estes são apenas alguns exemplos de como Deus está usando este maravilhoso ministério de alimentação para Sua glória e para a promoção de Seu Reino aqui na Terra.

Até hoje, mais de 250.000 refeições foram servidas no poderoso nome de Jesus... e continua a aumentar.

Além disso, professores de duas universidades locais na Flórida Central ensinaram recentemente sobre o meu ministério de alimentação. Como eu disse no início, nunca fui para a faculdade, mas as universidades estão ensinando sobre o ministério Jesus te Ama, Ame-o de volta!

Imagine isso...

E pensar que tudo começou há 10 anos no Lake Eola, no centro de Orlando, quando dei 25 almoços a moradores de rua pela primeira vez com este ministério de alimentação. Mal sabia eu que isso levaria a tudo isso. Para colocar em perspectiva, esses 25 almoços representaram apenas 0,001% do que servimos desde então.

Se Deus quiser, este é apenas o começo de Deus abrindo ainda mais portas para servirmos em Seu nome.

Seja feita a Tua vontade, Senhor, seja feita a Tua vontade...

QUINTA PARTE: COISAS QUE APRENDI NO CAMINHO

NEM TUDO É UM MAR DE ROSAS

Uma coisa que aprendi ao longo do caminho é que se você servir por tempo suficiente em qualquer campo para o qual nosso Senhor possa chamá-lo – não apenas para alimentar os sem-teto – você certamente encontrará seu alguns indivíduos ingratos ao longo do caminho.

Essas pessoas farão o possível para que você sinta que seus esforços não são necessários, que você não está fazendo uma diferença real. Eles vão zombar e criticar você, julgá-lo e reclamar constantemente. Alguns podem ser tão convincentes que você pode querer desistir.

Não me interpretem mal: a maioria das pessoas é grata pela comida que lhes damos. Mesmo assim, quando encontramos os ingratos, ainda dói. Sempre que isso acontece, procuro sempre me lembrar que minha caminhada com Deus é muito mais do que meros sentimentos; é a compreensão de que algo muito maior me espera do outro lado.

A boa nova é que se você é um verdadeiro seguidor de Cristo, você pode reivindicar esta mesma promessa eterna para si mesmo! Mas, por enquanto, à medida que continuamos a nossa jornada neste mundo caído, devemos esperar que este tipo de pessoa visite as nossas vidas ao longo do caminho.

Da próxima vez que isso acontecer com você, direcione seus sentimentos para as palavras que o Discípulo Pedro escreveu no livro que leva seu nome: 1 Pedro 4:14 declara: "Se vocês são insultados por causa do nome de Cristo, vocês são bem-aventurados, porque o Espírito da glória e de Deus repousa sobre você."

No versículo 15, Pedro então adverte: "Mas nenhum de vós sofra como homicida, ou ladrão, ou malfeitor, ou como intrometido".

O que Pedro está dizendo aqui é que se você sofre ou está sendo perseguido por coisas ruins que fez, isso nunca poderá ser considerado como sofrimento pelo Reino. O bom senso deveria ditar isso.

Depois de nos dar essa advertência severa, Pedro mais uma vez encoraja todos os crentes no versículo 16, exclamando: "Mas, se alguém sofre como cristão, não se envergonhe, mas glorifique a Deus nesse nome".

Ele então termina o capítulo quatro com estas palavras consoladoras encontradas no versículo 19: "Portanto, aqueles que sofrem segundo a vontade de Deus, confiem suas almas a um Criador fiel, enquanto fazem o bem". Palavras reconfortantes, de fato...

O ponto a considerar é que Satanás quer que você se sinta desanimado no seu serviço ao Senhor. Lembre-se de que o maior inimigo de Deus é também o maior enganador da humanidade! Dito isto, a esperança do diabo é que um dia você desista e abandone o seu serviço a Deus!

Como cristãos, devemos esperar encontrar enganadores a cada passo. O próprio Jesus advertiu que o mundo O odiava e perseguia. Todos os que O seguem devem esperar o mesmo.

Tendo isso em mente, incentivo a todos nós a usarmos as críticas que sofremos pela Causa como medalhas de honra que um dia serão trocadas por recompensas eternas. Eu posso ouvir um amem?

Se há um exemplo que posso dar para colocar as coisas em perspectiva, seria quando Jesus purificou dez leprosos. Lucas 17:11-19 diz: 11No caminho para Jerusalém, ele estava passando entre Samaria e Galiléia. 12E, ao entrar numa aldeia, encontrou dez leprosos, que ficaram de longe 13 e levantaram a voz, dizendo: "Jesus, Mestre, tenha piedade de nós."

14 "Quando os viu, disse-lhes: "Ide e mostrai-vos aos sacerdotes". E enquanto eles iam, eles foram purificados. 15Então um deles, vendo que estava curado, voltou, louvando a Deus em alta voz; 16 e prostrou-se com o rosto

em terra aos pés de Jesus, dando-lhe graças. Agora ele era um samaritano.

17 "Então Jesus respondeu: "Não foram dez purificados? Onde estão os nove? 18Não houve ninguém que voltasse e louvasse a Deus, exceto este estrangeiro?" 19E ele lhe disse: "Levanta-te e vai; sua fé o curou".

Quero dizer, pense sobre isso; não é como se Jesus lhes desse lancheiras cheias de comida nutritiva e os mandasse embora; Ele limpou todos da lepra, que naquela época era considerada uma sentença de morte! No entanto, apenas um deles voltou para agradecê-Lo e adorá-Lo, e ele era um samaritano!

Então, minha pergunta para vocês é: como Seus seguidores e servos, por que deveríamos esperar algo mais?

Com isso em mente, sempre que você encontrar pessoas ingratas, lembre-se de que elas primeiro foram ingratas ao nosso Senhor e Salvador.

Se e quando isso acontecer com você, minha esperança é que você se console com as palavras que o Discípulo Pedro escreveu para todos os que seguem o Messias. Se alguém entendeu o sofrimento pela Causa, esse alguém foi Pedro.

Nunca se esqueça que estamos visitando este mundo manchado pelo pecado apenas por um curto período de tempo. Os tesouros que acumularemos no Céu para o nosso serviço a Deus estarão à nossa espera do outro lado, onde nunca poderão ser roubados ou tirados de nós. Sabe o que eu quero dizer?

PERDÃO

Outra coisa que aprendi ao longo do caminho é o poder do perdão. Em Mateus 6:14-15, Jesus declarou: 14Porque, se vocês perdoarem as ofensas dos outros, o vosso Pai celestial também vos perdoará, 15mas se vocês não perdoarem as ofensas dos outros, também o vosso Pai não perdoará as vossas ofensas.

Certa vez ouvi alguém dizer que quando você perdoa alguém que o magoa ou faz mal, você liberta um escravo e esse escravo é você.

Rapaz, isso é verdade! Abrigar o ódio e a falta de perdão, por outro lado, é um câncer que de forma lenta mas seguramente corroerá sua alma, sem mencionar seu corpo e sua mente. Não, obrigado.

Posso dizer honestamente que perdoei todos que me ofenderam — não importa quão grande ou pequena tenha sido a ofensa. Por causa disso, experimentei como isso é verdadeiramente libertador.

Ainda mais libertador foi o dia em que me arrependi dos meus pecados e recebi Jesus Cristo como Senhor e Salvador. Foi então que muitas coisas desprezíveis que fiz na vida foram lançadas no mar do esquecimento de Deus para nunca mais serem trazidas contra mim novamente – cada uma delas! É como se Deus tivesse colocado uma placa dizendo: "Proibido pescar, Satanás!"

Quase posso ver isso em minha mente…

Embora eu tenha sido perdoado, isso não significa que estou sem pecado. Como todos os seguidores de Cristo, a guerra entre o meu espírito e a minha carne continua constantemente. Simplificando: é difícil para o velho morrer.

Por causa disso, muitas vezes me pego pedindo a Jesus que me perdoe. Assim como o apóstolo Paulo, as coisas que às vezes deveria fazer, eu não faço, e as coisas que não deveria fazer, acabo fazendo! Pedir perdão a Deus é quase uma rotina diária para mim.

Também busco o perdão daqueles que magoei no passado. Mas como o perdão é uma via de mão dupla, tudo o que posso fazer é pedir perdão e esperar que eles atendam ao meu pedido sincero, perdoando-me. Também peço a Deus que traga à tona as pessoas que prejudiquei no passado, pessoas das quais esqueci, para que eu possa entrar em contato com elas.

No topo da lista está minha ex-mulher. Mesmo depois de todo esse tempo — e mesmo depois de ser perdoado por Deus — ainda tenho vergonha das coisas terríveis que fiz a ela. Ela não merecia o que eu a fiz passar. Eu estava completamente fora de mim naquela época!

Há alguns anos, escrevi uma carta implorando o perdão dela e também o perdão dos meus dois filhos. Enviei a carta sem saber se algum dia receberia uma resposta dela.

Depois de seis meses, imaginei que ela havia jogado fora ou usasse como alvo de dardos. Talvez ela nunca tenha recebido...

Veja só, um ano depois recebi um telefonema. A maioria das pessoas na Flórida me chama de Michael, mas quando eu disse olá, ela disse: "Mike?"

Reconheci imediatamente a voz. Foi minha ex-mulher. De repente fiquei nervoso; meu coração estava pela boca.

Ela disse que recebeu minha carta há algum tempo, mas não tinha certeza se algum dia responderia. Estou tão feliz que ela respondeu.

Ela me agradeceu por entrar em contato e disse que estava feliz por eu não estar morto e por estar bem. Ela então falou que me perdoou há muito tempo e não tinha nada de ruim a dizer sobre mim. Ela sabia que todas as minhas ações passadas decorriam do meu sério vício nas drogas.

Quando ela disse isso, um sentimento calmante tomou conta de mim. Louvei silenciosamente a Deus pela maneira como ela concedeu tanta graça e misericórdia, quando eu claramente não merecia.

Ela poderia ter lidado com isso de maneira muito diferente, mas não o fez. Ela realmente é uma das pessoas mais genuínas, atenciosas e generosas que já conheci. Suas ações me lembraram de como Deus estendeu Sua misericórdia e graça a mim quando eu era, e ainda sou, merecedor do inferno!

Obrigado! Obrigado! Obrigado!

Quanto aos meus dois filhos, ela contou-lhes sobre a carta. Mas mesmo sem isso, ela me garantiu que já havia dito a eles há muito tempo que eu os amava, mas amava ainda mais outras coisas.

Desde então, minha ex-mulher se casou novamente. Naturalmente, na minha ausência, os meus filhos passaram a considerar o padrasto como a principal "figura paterna" nas suas vidas. Fiquei com o coração partido quando me disseram que eles não queriam se reconciliar comigo de qualquer forma.

Eu entendo por que eles disseram isso? Sim.

Eu os culpo por dizer isso? Não.

Como quis a divina providência de Deus, finalmente pude ver meus filhos, no funeral de minha mãe, dentre todos os lugares. Parado perto do caixão de minha falecida mãe, olhei nos olhos de ambos e pedi perdão. Louvado seja Deus, os dois me perdoaram naquele dia!

Antes de nossa breve conversa terminar, eu disse a eles o quanto sentia pelas muitas escolhas erradas que fiz e que nunca deixei de amá-los, apesar do meu sério vício. Eu tinha tudo que um homem poderia desejar e perdi tudo por causa da cocaína.

Eu disse a eles que gostaria de poder refazer as coisas, mas isso não era possível. Eu disse que entendia por que eles não queriam me conhecer, mas nada me impediria de amá-los.

Quando saí da igreja, liguei para meu amigo Roger, na Flórida, chorando bastante. Gritei no telefone: "Meus dois filhos me perdoaram!" Foi um dos dias mais emocionantes da minha vida. Foi necessário o funeral da minha mãe para finalmente nos reunirmos. Verdadeiramente, Deus trabalha de maneiras misteriosas...

Três meses depois do funeral de minha mãe, Deus abriu outra porta para mim, e voei de volta para casa para ver meu filho mais velho se apresentar em Wildwood, Nova Jersey. Acontece que Michael é um músico talentoso. Três de meus irmãos juntaram-se a mim naquele dia, junto com meu sobrinho, Joseph, e nosso querido irmão, Charles Culmer.

Dizer que estava nervoso naquele dia seria um eufemismo. Meu irmão gêmeo disse brincando: "Espero que ele não tenha escrito uma música só para você!"

Não apenas assistimos a uma apresentação incrível, mas meu filho fez questão de passar um tempo conosco entre os sets.

No breve tempo que passei sozinho com ele, eu disse a ele no funeral, que quando eles se aproximaram do caixão da mamãe e me encontraram ali parado, que os dois poderiam ter cuspido na minha cara ou me nocauteado, e isso seria justificado. Mas eles não fizeram isso. Meus dois filhos me mostraram graça e misericórdia naquele dia.

Quando eu disse ao meu filho, Michael, que não poderia agradecê-lo o suficiente, ele disse: "Não foi assim que fomos criados".

Meu filho foi tão misericordioso quanto a minha ex-mulher. Ele me fez sentir confortável durante todo o tempo que estive lá. Obrigado, Jesus!

Antes de ele voltar ao palco para sua próxima apresentação, fiz questão de dizer a ele: "Por causa da graça e misericórdia que você demonstrou para comigo, serei mais misericordioso com as pessoas em minha vida deste ponto em diante."

Não posso deixar de me perguntar para onde Deus levará nosso relacionamento a partir daqui. Mas só de saber que Ele faz todas as coisas para o bem — não apenas algumas — para aqueles que O amam e são chamados de acordo com Seu propósito, fico cheio de expectativa.

Que Deus incrível eu sirvo!

Para minha família, sinto muito por tudo que fiz vocês passarem. Acredito que a maioria, senão todos vocês, me perdoaram. Obrigado por isso.

Para todas as outras pessoas que magoei ao longo do caminho, gostaria de poder apagar as muitas coisas ruins que fiz a todos vocês, mas não posso. Tudo o que posso fazer é pedir seu perdão e esperar que um dia você perceba que não sou mais a pessoa vil que fui anteriormente.

Oro para que, ao registrar muitas das minhas ações passadas neste livro, como parte do meu testemunho, Deus o use para fazer a diferença na vida de outras pessoas. Obrigado, JESUS!

IRMÃOS E IRMÃS VERDADEIROS

Outra coisa que aprendi é o que realmente significa ser um verdadeiro irmão ou irmã. Mateus 12:46-50, diz 46Enquanto ele ainda falava ao povo, eis que sua mãe e seus irmãos estavam do lado de fora, pedindo para falar com ele. 48Mas Jesus respondeu ao homem que lhe dissera: "Quem é minha mãe e quem são meus irmãos?" 49E estendendo a mão para os seus discípulos, disse: "Aqui estão minha mãe e meus irmãos! 50Pois todo aquele que faz a vontade de meu Pai que está nos céus é meu irmão, minha irmã e minha mãe".

Quando comecei este ministério de alimentação, muitos da minha igreja, depois de ouvirem sobre o que eu estava fazendo, ficaram ansiosos para oferecer seu tempo como voluntários. Membros de muitos grupos de vida doaram tempo e dinheiro como voluntários ao longo dos anos. Um casal, Tony e Anita, que faz parte do grupo de vida que frequento – e que me é tão querido – até doou a sua van ao ministério.

Depois de um tempo, os superiores da minha igreja começaram a ouvir histórias sobre o que estávamos fazendo e nos ajudaram a avançar, apoiando-nos financeiramente.

Mas não foram apenas membros da minha igreja. Muitos de outras igrejas e organizações cristãs têm sido igualmente instrumentais. Um bom amigo do Exército de Salvação tem sido uma grande bênção para nós. Além de doar seu tempo e dinheiro, quando nos disseram que não poderíamos mais alimentar no local onde nos alimentamos durante quatro anos, Steve foi responsável por encontrar nossa localização atual.

Outra história incrível que gostaria de compartilhar com você aconteceu anonimamente. A van que nos foi doada estava no fim e fomos obrigados a comprar outra van usada. No final das contas, ele precisava de US$1.300 para reparos e não tínhamos dinheiro para consertá-lo.

Naquela mesma semana, alguém da Califórnia enviou um cheque no valor de US$2.000. Eu não pude acreditar! Fale sobre intervenção Divina! O momento não poderia ter sido mais perfeito.

Com os fundos, conseguimos fazer os reparos no carro e pagar o emplacamento e seguro da outra van que tínhamos.

Eu poderia literalmente preencher um livro com histórias de muitos que serviram conosco de alguma forma; desde doar tempo e dinheiro até entregar bolos e doces e fornecer cortes de cabelo gratuitos para moradores de rua.

Alguns viajaram centenas de quilômetros apenas para se juntar a nós. Dois grupos religiosos viajaram de Huntsville, Alabama até Orlando para nos ajudar a servir. Antes de começar a alimentação, o primeiro grupo nos ajudou a reorganizar duas garagens que tínhamos cheias de doações.

Depois disso, nós alimentamos com a mesma comida que demos aos sem-teto duas horas depois. Eles adoraram. O segundo grupo, que veio para a Flórida alguns meses depois, se apresentou para os sem-teto enquanto eles faziam suas refeições. Sou grato a Deus por todos vocês.

Verdadeiramente, vocês são meus verdadeiros irmãos e irmãs em Cristo.

Mas, olhando para trás, posso dizer honestamente que nossos melhores voluntários são moradores de rua. Não há nada mais gratificante do que observar pequenos servindo aos seus irmãos, em nome de Jesus.

Essas pessoas não têm dinheiro, mas com alegria dedicam seu tempo e serviço com tanta liberdade e boa vontade.

Encerrarei este capítulo contando a história de um homem chamado Joseph. Eu o conheci quando trabalhávamos juntos na pizzaria.

Naquela época, eu ainda era uma criança caminhando com Jesus. Joseph se ofereceu para alimentar comigo em algumas ocasiões. Depois que a pizzaria foi forçada a fechar em 2010, devido à crise econômica, continuamos amigos no *Facebook*, mas não conversamos muito.

Na verdade, quando vi suas muitas postagens obscenas no *Facebook*, não sobre mim, mas sobre a vida em geral, pensei algumas vezes em bloqueá-lo ou removê-lo.

Parecia que não tínhamos nada em comum, especialmente do ponto de vista espiritual. Então, ele fez um desafio de balde de gelo e o dedicou a mim e o Jesus te Ama, Ame-o de Volta.

Mandei uma mensagem para ele agradecendo por ainda se lembrar de mim e do meu ministério de alimentação. Mas as mensagens ofensivas no Facebook persistiram e considerei seriamente bloqueá-lo ou desfazê-lo novamente.

Tudo mudou para melhor depois que recebi um telefonema de Joseph em janeiro de 2017. Fiquei bastante surpreso ao ver o nome dele aparecer na tela do meu celular.

Depois de desejar um Feliz Ano Novo um ao outro, Joseph perguntou se poderia ser voluntário comigo novamente.

Com um grande sorriso no rosto, eu disse: "Claro! Que tal agora na Segunda-feira?"

Ele disse que seria ótimo.

Joseph apareceu e desde então, se tornou um dos nossos melhores voluntários. Melhor ainda, ele também começou a frequentar a igreja.

Um dia, ele me ligou dizendo que estava sendo batizado em sua igreja e perguntou se eu gostaria de testemunhar isso. Que honra foi para mim vê-lo sair da água.

Joseph fez algumas viagens comigo, mas sua especialidade é brilhar na segunda à noite.

Em uma viagem de alimentação para Kissimmee, ele parou o carro no acostamento e disse que precisava me contar uma coisa.

O que quer que ele tivesse a dizer, eu sabia que era algo sério. Ele tinha toda a minha atenção.

Ele me contou sobre sua ex-namorada, que era cristã, e as muitas coisas ruins que fez a ela. Ele disse que eles foram passar férias em Las Vegas em dezembro de 2016 e tiveram uma briga feia.

Quando eles voltaram para Orlando, ela terminou com ele.

Joseph estava para além de devastado. Palavras dele, não minhas.

Incapaz de lidar com a dor, uma noite ele foi até a garagem e ligou o motor do carro. Com a porta da garagem fechada, ele ficou ali sentado esperando a morte. Enquanto estava sentado lá, ele disse que o Senhor me colocou em seu coração e lhe disse para entrar em contato comigo. Foi isso que ele fez.

Quando Joseph me contou isso, fiquei totalmente chocado! Eu não pude acreditar. Eu disse: "Louvado seja o Seu Santo Nome".

Fiquei incrivelmente honrado por ser usado por Deus dessa maneira incrível. Fico totalmente impressionado com o fato de Deus ter me usado para ser uma influência positiva na vida de Joseph.

Obrigado, Senhor, por confiar em mim este assunto. Que possamos juntos continuar tocando por Ti enquanto tivermos ar nos pulmões!

Joseph, obrigado por me permitir incluir esta parte profundamente pessoal de sua vida em meu livro. Que abençoe a todos que o lerem.

SHOW CRISTÃOS

Outra coisa que aprendi ao longo do caminho é que os shows cristãos são divertidos! Não só isso, eles são tão divertidos quanto os shows convencionais e infinitamente mais significativos por causa da mensagem que a música transmite – especialmente as letras!

Como eu disse antes, alguns dos meus momentos favoritos enquanto crescia eram os dias em que ia a shows de *rock and roll* com meu irmão gêmeo. Ficávamos animados a semana toda esperando que nossas bandas favoritas viessem para nossa cidade. Quando esse dia finalmente chegava, era festa para nós.

Infelizmente, a maioria das lembranças daqueles dias ocorreram quando eu estava exausto a ponto de perder o controle dos meus sentidos. Eu teria gostado muito mais da música se estivesse sóbrio.

Então, novamente, mesmo que eu estivesse sóbrio, isso não mudava o fato de que eu estava adorando Satanás sem saber através das letras.

Mas isso foi então...

Meu primeiro show cristão foi com um trio chamado Phillips, Craig e Dean. Agora que eu estava seguindo Jesus e estava limpo e sóbrio, fiquei ainda mais animado para ir. Melhor ainda, a entrada foi gratuita!

Busquei meu amigo no caminho para o show. Quando cheguei na casa dele, cumprimentamos um ao outro e dissemos: "É hora de tocar para Jesus".

Ouvimos a Z88.3 durante todo o trajeto até lá. Desde que comecei a dirigir, meu volante também era minha bateria. Nada mudou naquela noite; só a música era diferente! Cantamos todas as músicas que eles tocaram. Nossa bebida preferida era chá doce ou água.

Não havia álcool, nem cigarro, nem maconha, nem cocaína, nem drogas de qualquer espécie. Obrigado, Jesus!

O show foi realizado na Igreja Northland, nos arredores de Orlando. Quando estávamos a cerca de dez minutos de distância, notamos nuvens escuras e ameaçadoras no horizonte. Parei de bater no volante e prestei mais atenção na estrada; as nuvens continuavam escurecendo e o vento começava a ficar mais forte.

No momento em que entramos no estacionamento da igreja, começou a chover forte. Perguntei ao meu amigo se ele queria esperar no carro ou sair correndo. Sabendo que a tempestade não terminaria tão cedo, concordamos em correr.

Com raios caindo e trovões estalando ao nosso redor, corremos o mais rápido que pudemos, pulando poças de água, até chegarmos ao saguão da igreja.

Foi revigorante ver voluntários distribuindo toalhas limpas para todos, para que pudessem se secar. Certamente não me lembro disso nos shows de *rock*.

Quando encontramos nossos lugares, olhei em volta e vi mães e filhas, pais e filhos, adolescentes, e adultos de todas as idades e raças. Foi lindo de se ver.

Quando o show começou, todos se levantaram e o santuário irrompeu em aplausos estrondosos.

Ao contrário dos muitos concertos de *rock* a que assisti há muito tempo atrás, quando, em vez de segurar um isqueiro para o céu juntamente com milhares de outras pessoas dentro da arena, desta vez as minhas mãos foram levantadas com o único propósito de adorar Jesus.

Tenho certeza de que para alguns eu parecia uma criança indefesa querendo ser pega e segurada por meu pai. Eles estavam certos!

Jesus fez exatamente isso!

Acredito que todos sentiram o Espírito Santo em nosso meio naquela noite. Eu sei que sim! Saí daquele show com uma sensação que nunca tive antes. E ao contrário dos shows anteriores, eu sabia que me iria lembrar deste!

Porque este foi o meu primeiro concerto cristão, será sempre o meu favorito. Mas se houvesse um segundo colocado, seria quando Laiz e eu fomos a Noite da Alegria no *Disney World* em 2017, para ver a apresentação de algumas das principais bandas cristãs. Foi um concerto ao ar livre.

O que o tornou tão especial foi que faltaram apenas dois dias para o furacão Irma atingir a cidade. Ao adorarmos o Rei Jesus, não podíamos ignorar as muitas nuvens sinistras que passavam sobre nós, lembrando-nos constantemente do que ainda estava vindo em nossa direção.

Como este foi o nosso primeiro furacão, foi emocionante experimentar o poder de Deus em ação. O show estava esgotado, mas por razões óbvias, poucos compareceram. Só nós, obstinados, estávamos lá.

Por mais preocupante que fosse, foi igualmente reconfortante ver os talentosos músicos no palco parando em diversas ocasiões para orar pelo estado da Flórida. Quero dizer, ore verdadeiramente!

Sentimos muito abençoados por estar entre eles naquela noite.

Estive em muitos shows cristãos desde a apresentação de Phillips, Dean e Craig. O único ponto comum que une todos eles é que sempre saio com uma sensação boa por dentro. Os músicos são tão bons ou até melhores que a maioria dos grupos mundanos, mas o que separa os dois lados são as letras que cantam. Ambos podem fazer meu corpo se mover e tremer, mas apenas um lado pode inundar minha alma com louvor e adoração ao Rei dos Reis e Senhor dos Senhores.

Se ao menos eu tivesse ido a shows cristãos antes... Se você ainda não foi a um, eu recomendo fortemente.

MEU ROLEX

Outra coisa que aprendi ao longo do caminho é que o termo "jóias valiosas" nem sempre é o que parece. Caso em questão: as pulseiras Jesus te Ama, Ame-o de Volta. As muitas histórias que ouço sobre elas são notáveis.

    A razão pela qual os encomendamos foi para arrecadar fundos para o ministério. Não apenas os distribuímos para aqueles que doam para este ministério, mas também os distribuímos para os pobres e desabrigados usarem.

    A única vez que tiro o meu é quando o dou a alguém que o pede. Enquanto eles o colocam nos pulsos, digo que acabei de lhes dar meu Rolex. Verdade seja dita, é a única joia que uso. Sempre que dou para alguém, me sinto nu e mal posso esperar para chegar em casa, para poder colocar outro no pulso.

    As histórias que ouço sobre as nossas pulseiras – e até mesmo encontrei pessoalmente – são mais valiosas para mim do que o preço de um relógio Rolex autêntico!

    Por exemplo, uma de nossas voluntárias chamada Rebecca tinha uma avó que morava no estado de Indiana. Nunca conheci essa mulher, mas ela costumava acompanhar nosso ministério no *Facebook* todos os dias até sua morte.

    Ela sabia que estava morrendo, então pediu a Rebecca que enviasse uma de nossas pulseiras para ela em Indiana, para que ela pudesse ser enterrada usando-a.

    A melhor parte dessa história é que ela está com Jesus, mas quando ela me contou isso, não pude deixar de ficar um pouco emocionado.

    Depois, há um homem chamado Iggy que é irmão em Cristo. Eu o conheço através de um programa que ambos frequentamos na igreja. Iggy é um motorista de ambulância que vê seu quinhão de loucuras no trabalho.

Um dia ele estava respondendo a um chamado sobre uma possível overdose de drogas. Quando ele chegou, encontraram um morador de rua no local. Enquanto Iggy e sua equipe colocavam o sem-teto na ambulância, Iggy arregaçou as mangas do homem para administrar uma intravenosa e percebeu que ele estava usando a nossa pulseira

O homem mal estava consciente. Mesmo assim, ele viu Iggy arregaçar as mangas e mostrar-lhe a mesma pulseira. O sem-teto sorriu e Iggy orou com ele.

Estou em um ponto da minha vida em que chegou a hora da colonoscopia, vou lá e faço. Ei, pelo menos meus problemas ficaram para trás.

Falando sério, meu pai morreu de câncer de cólon, então decidi, por precaução, fazer isso. Eu estava tão nervoso que minha pressão arterial disparou e isso foi apenas durante o agendamento da colonoscopia. Laiz me levou até lá no dia do procedimento.

Enquanto a enfermeira me preparava, ela notou minha pulseira Jesus te Ama, Ame-o de Volta. Ela disse que há três anos conheceu o homem que iniciou este ministério numa loja de pneus. Ela disse que conversamos por meia hora sobre Jesus e o ministério.

Virei-me e disse: "Fui eu".

Ela olhou para mim e disse: "Sim, foi!" Nós nos cumprimentamos e ela falou: "Irmão, vou cuidar muito bem de você".

Quando ouvi isso, fiquei muito relaxado.

Um homem de Orlando doou US$ 20 em nosso site (www.jesuslovesyoulovehimback.org) há algum tempo. Pouco tempo depois, ele me ligou perguntando onde estava sua camiseta.

Depois que perguntei de que camiseta ele estava falando, ele disse a camisa que deveria receber pela doação de US$ 20.

Pedi desculpas dizendo que não tínhamos camisas à venda naquele momento e perguntei se ele gostaria que eu reembolsasse sua doação. Ele disse sim.

No dia seguinte, enviei-lhe um cheque de US$ 20 e incluí uma pulseira do Jesus te Ama, Ame-o de Volta pelo inconveniente.

Aproximadamente duas semanas depois, ele enviou uma carta com o cheque que lhe enviei (ele nunca o descontou) e outro cheque emitido para o ministério no valor de 50 dólares. Ele disse que quando viu a pulseira percebeu que éramos o mesmo ministério que alimentou e vestiu seu filho, que ficou sem teto por muitos anos.

Ele disse que gostaria de poder dar mais para nós. Ele me incentivou a continuar com o bom trabalho e que estávamos realmente fazendo a diferença. Ele então disse que seu filho estava melhor e nós éramos a grande razão! Aleluia!

Finalmente, houve uma mulher chamada Colleen que viu um dos treinadores de sua academia de ginástica usando uma pulseira Jesus te Ama, Ame-o de Volta. Depois de perguntar, ele contou a ela sobre o ministério de alimentação.

Numa segunda-feira, ela veio oferecer seu tempo como voluntária e está conosco desde então. Ela está até no Conselho de Administração.

Eu poderia continuar com mais historias, mas se Deus pode usar algo tão simples como uma pulseira de borracha para unir tantas pessoas em Cristo Jesus, quanto mais Ele pode usar você?

SALVO NÃO PELAS OBRAS, MAS PARA ELAS

Quando ouvi pela primeira vez as palavras de São Francisco de Assis "Pregar o Evangelho e, se necessário, usar palavras", fizeram total sentido para mim. Eu era novo na fé e realmente não sabia como falar com outras pessoas sobre Jesus, exceto através do meu testemunho.

Durante muitos anos, por falta de conhecimento da Palavra de Deus, coloquei à prova as palavras de Francisco de Assis e deixei que as minhas ações fossem o meu Evangelho. Até usei as Escrituras para reforçar essa afirmação que acreditava de todo o coração.

Tiago 1:27 proclama: "A religião que Deus, nosso Pai, aceita como pura e imaculada é esta: cuidar dos órfãos e das viúvas nas suas dificuldades e evitar ser poluído pelo mundo".

Tiago 2:14-18 declara: "De que adianta, meus irmãos, se alguém afirma ter fé, mas não tem obras? Essa fé pode salvá-los? 15 Suponhamos que um irmão ou uma irmã esteja sem roupa e sem comida diária. 16 Se algum de vocês lhes disser: "Vão em paz; manter-se aquecido e bem alimentado", mas não faz nada em relação às suas necessidades físicas, de que adianta? 17 Da mesma forma, a fé por si só, se não for acompanhada de ação, está morta. 18 Mas alguém dirá: "Você tem fé; Eu tenho ações. E no versículo 26, Tiago escreveu: "Assim como o corpo sem o espírito está morto, assim também a fé sem obras está morta".

Como eu poderia não acreditar e abraçar plenamente as palavras de São Francisco de Assis, quando elas estavam ali em preto e branco? Mas quanto mais eu lia a Bíblia e passava tempo com aqueles que eram mais maduros na fé do que eu — o que significa que eles tinham uma compreensão mais profunda da Palavra de Deus — mais Deus usava essas pessoas para me ajudar a ter uma melhor compreensão sobre tudo isso.

Um dia, depois de compartilhar com meu irmão que alguém me disse que aqueles que acreditam nas palavras de São Francisco de Assis de "Pregar o Evangelho e, se necessário, usar palavras", eram cristãos perigosos, meu irmão disse que eles podem não ser cristãos perigosos, por si só, mas pregam uma doutrina perigosa, porque, em essência, transmite que a mensagem do Evangelho não é suficiente para salvar uma pessoa, que também precisamos realizar boas obras, só para garantir.

Meu irmão então me lembrou de Romanos 10:14-15, que declara: "Como, então, invocarão aquele em quem não creram? E como poderão acreditar naquele de quem não ouviram falar? E como poderão ouvir sem que alguém lhes pregue? E como pode alguém pregar a menos que seja enviado? Como está escrito: "Quão lindos são os pés daqueles que trazem boas novas!"

Então, no versículo 17, o apóstolo Paulo coloca um ponto de exclamação nisso, quando escreveu: "...a fé vem por ouvir a mensagem, e a mensagem é ouvida pela palavra de Cristo".

Por último, meu irmão me lembrou que Tiago – que por acaso era meio-irmão de Jesus – se referia a eles em sua carta como irmãos e irmãs. Em outras palavras, ele estava escrevendo para aqueles que já foram redimidos pelo sangue de Jesus e já haviam passado da morte espiritual para a vida.

Assim, em última análise, ser salvo não pelas obras, mas por elas, significa simplesmente que as coisas boas que fazemos depois de sermos salvos não são de forma alguma a raiz da nossa salvação, mas apenas a evidência dela.

Com isso em mente, se você ainda não é um verdadeiro seguidor de Jesus Cristo, ou seja, você nunca nasceu de novo, é extremamente importante que você entenda que suas boas ações – por mais nobres que sejam – não podem aproximá-lo de Deus. . Somente a fé em Jesus pode.

Romanos 6:23 proclama: "Porque o salário do pecado é a morte, mas o dom gratuito de Deus é a vida eterna em Cristo Jesus, nosso Senhor".

O que isto significa é que, independentemente do pecado – mentir, trair, roubar, dar falso testemunho, fofoca, ganância, calúnia, orgulho, homossexualidade, pornografia, abuso de drogas, alcoolismo, gula, adultério, assassinato, luxúria, sexo antes do casamento, é tudo pecado. !

Observe que a Escritura acima não diz que o salário de "alguns desses pecados" é a morte, ela diz pecado, ponto final! Todo pecado!

Tiago 2:10 declara: "Porque quem guarda toda a lei e tropeça num só ponto é culpado de violar ela toda".

Em outras palavras, se você cometer apenas um pecado, aos olhos de Deus, você será culpado de cometer todos eles. E como somos todos pecadores, todos estamos condenados diante de um Deus justo e santo.

A única coisa que pode nos salvar dos nossos pecados e da ira de Deus é o que Jesus fez na cruz há 2000 anos por todos que acreditariam Nele! Todos os outros caminhos levam direto ao inferno.

Muitas vezes ouço dos moradores de rua que alimentamos que eles podem ver Deus trabalhando em nós e através de nós. E isso é uma coisa boa. Mas se receberem a nossa comida e roupa, mas rejeitarem a mensagem do Evangelho que pregamos, por mais gratos que sejam pela comida, isso não os aproximará do Céu, apenas mais perto do inferno.

Em outras palavras, ver Jesus em nós não faz nada para salvar suas almas da destruição total. Você deve nascer de novo!

O mesmo se aplica a muitos que são voluntários conosco. Você sabe o quanto eu amo todos vocês. Tanto é verdade que devo alertar aqueles que não nasceram de novo, que se vocês deixarem este planeta sem primeiro confiar em Jesus como Senhor e Salvador, todas as suas boas ações não passarão de chover no molhado.

O fato de você representar esta organização cristã não pode e não irá torná-lo justo diante de Deus. Mesmo que você nos ajude sem interesse a alimentar outras 250.000 pessoas nos próximos anos, se você não tiver sido transformado pela mensagem do Evangelho – o que significa que você não foi regenerado pelo poder do Espírito Santo – você permanecerá condenado em seus pecados. diante do Deus Todo-Poderoso algum dia.

Assustador, eu sei, mas é 100% verdade...

Quanto a mim, estou ciente do fato de que, se eu alimentar os sem-teto todos os dias da minha vida, ainda assim deixar de pregar o Evangelho de Jesus Cristo a eles - não estou falando apenas de compartilhar meu testemunho, mas de testemunhar a favor dEle - meu trabalho pelo Reino terá sido desperdiçado em vão.

Embora eu seja salvo, se eles acabarem no inferno porque deixei de lhes ensinar o plano redentor de Deus para os pecadores através de Cristo Jesus, de uma forma que todos pudessem entender facilmente, certamente terei que prestar contas disso.

Mas isso é verdade para todos os seguidores de Cristo. Quer Deus o chame para pregar ou ensinar ou escrever livros ou tocar música ou cantar canções ou alimentar os sem-teto, seja o que for; o serviço para o qual Ele o equipou é secundário em relação à pregação do Evangelho a todos ao seu alcance.

Se não compartilharmos Cristo crucificado com eles, como poderão ouvir? Como eles podem saber? Como eles podem ser salvos? Nada deveria importar mais do que isso!

Aqui está o que quero dizer: independentemente de quão talentoso você possa ser aos olhos do mundo, se a mensagem do Evangelho não estiver sendo pregada além do talento com o qual Deus o abençoou no nascimento - estou falando sobre o Evangelho que confronta o pecado e leva ao arrependimento – não pode haver salvação.

De uma perspectiva eterna, o seu trabalho terá sido desperdiçado em vão. Oro para que ninguém que esteja lendo isso siga por esse caminho...

Com isso em mente, estou comprometido em pregar o Evangelho de Jesus Cristo acima de todas as outras coisas até que meu Rei me chame para Casa no grande e glorioso dia. E você?

TUDO É SOBRE A CRUZ

Para aqueles que ainda podem pensar que a razão pela qual tenho segurança eterna tem algo a ver com alimentar os sem-teto, com todo o respeito, ou você não leu os parágrafos anteriores ou não tem uma compreensão clara do Evangelho de Jesus Cristo.

Efésios 2:8-9 declara: "Porque pela graça sois salvos, por meio da fé - e isto não vem de vós, é dom de Deus - não pelas obras, para que ninguém se glorifique".

João 5:24 afirma: "Em verdade vos digo: quem ouve a minha palavra e crê naquele que me enviou tem a vida eterna e não será condenado; ele passou da morte para a vida."

Atos 4:12 diz: "A salvação não se encontra em nenhum outro, porque debaixo do céu não há outro nome dado aos homens pelo qual devamos ser salvos".

João 6:37 proclama: "Todos aqueles que o Pai me dá virão a mim, e aquele que vier a mim eu nunca expulsarei". E no versículo 44, Jesus declara: "Ninguém pode vir a mim, se o Pai que me enviou não o trouxer, e eu o ressuscitarei no último dia".

Aí está a verdade: A salvação que Deus oferece gratuitamente não tem nada a ver com a humanidade e tudo a ver com Jesus, Aquele mesmo que desceu do Céu para resgatar todos na Terra que o Pai lhe enviaria.

Em última análise, como pecadores espiritualmente mortos desde o nascimento, somente o Deus Altíssimo pode ressuscitar alguém dentre os mortos e nos apontar para Seu Filho. O que isto significa é que não escolhemos Deus – Ele nos escolhe!

Mas a Bíblia também declara que Deus nunca rejeitará ninguém que O busque sinceramente de todo o coração, mente e alma.

Jeremias 29:13 diz que todos os que O buscam o encontrarão – não muitos, mas o encontrarão! Então, a questão é: você está buscando a Deus dessa maneira?

Uma coisa que aprendi desde que comecei meu ministério de alimentação é que, embora seja verdade que Jesus nos ama — como proclamamos com ousadia nas camisas que vestimos e naos alimentos que distribuímos — para aqueles que não são verdadeiramente nascidos de novo, Seu amor tem prazo de validade.

Em outras palavras, para aqueles que estão perecendo, o amor de Deus é condicional. Por exemplo, quer você ame a Deus ou o odeie - servo fiel ou ateu convicto - Ele fornecerá sementes, depois enviará sol e chuva para regar e cultivar suas colheitas, sem mencionar uma infinidade de outras coisas que nós, humanos, muitas vezes consideramos certas.

Mas isso *nunca* pode ser confundido com amor incondicional. Se você quiser ver em primeira mão a diferença entre os dois, tente morrer em seus pecados. Se você fizer isso, em vez de ser recebido em casa como um dos filhos de Deus, você sentirá todo o peso do Seu feroz julgamento eterno caindo constantemente sobre você em um lugar chamado inferno.

Certamente não é amor incondicional, por qualquer esforço de imaginação. Você não concordaria?

Mas a Boa Nova é que, se você realmente for salvo e pertencer a Cristo Jesus, experimentará o amor incondicional de Deus em abundância que nunca poderia ser medido em termos mundanos.

O amor de Deus não só é incondicional, como também é eterno! Imagine ser completamente sufocado pelo amor incessante de Deus, enquanto vive em perfeita paz e harmonia por toda a eternidade, quando a vida neste planeta caído chegar ao fim...

Isso é precisamente o que está reservado para todos aqueles cujos nomes estão escritos no Livro da Vida do Cordeiro! ALELUIA!

Agora, quando se trata de descrever o domínio eterno de Deus, como todos os cristãos, o meu conhecimento é extremamente limitado. A Bíblia nos fornece muitas pistas, mas certamente não o suficiente para formar uma composição completa. Mas se a Terra é o escabelo de Deus, quão indescritivelmente majestoso será o Céu para todos os que lá chegarem?

Para citar Bart Millard do *Mercy Me*: "Só posso imaginar..."

Mas aqui está algo que eu sei: não seremos transformados em anjos sentados nas nuvens tocando harpas como alguns acreditam ingenuamente. Nem mesmo perto! Em vez disso, os dons que Deus colocou em você para Sua glória e para a promoção de Seu Reino aqui na Terra são exatamente as coisas que levaremos conosco para a eternidade, incluindo nossas personalidades.

O que isso significa é que, uma vez que você entre na eternidade, você ainda será você; não a versão sem pecado de você mesmo, mas a versão redimida, com personalidade e tudo!

Não sei você, mas isso me emociona muito, principalmente saber que estarei lá com todos os meus irmãos e irmãs em Cristo, onde permaneceremos para todo o sempre. Amém!

Imagine olhar e sentir o nosso melhor em um lugar onde nunca nos cansaremos de adorar a Deus, o Pai, a Jesus, o Filho, e ao Espírito Santo. Só de pensar nisso coloca um sorriso no meu rosto.

A título pessoal, de todos os dons e habilidades com os quais Deus me equipou, a única coisa que não farei no Céu é alimentar os sem teto! No dia em que eu entrar na eternidade, meus serviços não serão mais necessários, pois ninguém jamais terá fome ou sede no Paraíso. Nem nunca iremos chorar, ficar doentes ou lutar contra o tédio.

E ninguém ficará desabrigado lá! Que incrível é isso!!!

Espero ver todo mundo que ler esse livro lá algum dia...

Mas até esse dia chegar, há muito trabalho a fazer pelo Reino aqui na Terra. A colheita é abundante, mas os trabalhadores são poucos. Como colaboradores de Deus, devemos esperar a nossa quota de perseguição ao longo do caminho. O mundo irá odiar-nos e perseguir-nos tal como fizeram com Jesus. Não se surpreenda...

Jamais se esqueça: Jesus nunca prometeu uma vida fácil para nenhum dos Seus seguidores. Na verdade, Ele nos ordenou que negássemos a nós mesmos, carregássemos nossa cruz diariamente e O seguíssemos. Mas saber que vencemos no final faz com que todo o sofrimento deste lado da eternidade – passado, presente e futuro – valha a pena.

Então, ao terminar de escrever este livro, deixe-me encorajá-lo a nunca parar de usar os dons e talentos que Deus escolheu especialmente para você da melhor maneira possível! Se fizerem apenas isso, meus queridos irmãos e irmãs, compreenderão plenamente que os tesouros que Deus promete aos Seus filhos não são coisas terrenas e temporais, como alguns acreditam, mas bênçãos eternas que permanecerão sempre com vocês.

Quanto mais obediente você for ao Seu chamado nesta vida, maior será sua recompensa no Céu.

Melhor ainda, no momento em que você chegar ao Paraíso, você não apenas ouvirá Jesus dizer: "Muito bem, servo bom e fiel" – que deveria ser o objetivo de todos os seguidores de Cristo – você verá por si mesmo que Deus realmente é amor, como a Bíblia afirma claramente.

Na verdade, será impossível ignorar isso, porque você se tornará objeto do Seu amor ilimitado! E o que pode ser melhor que isso! Eu posso ter ouvir um amem? Obrigado, Jesus!

Mateus 6:19-21 (ESV) declara: "Não ajunteis tesouros na terra, onde a traça e a ferrugem destroem e onde os ladrões minam e roubam, mas ajuntai para vós tesouros no céu, onde nem a traça nem a ferrugem destroem e onde os ladrões não arrombam e roubam. Pois onde estiver o seu tesouro, aí estará também o seu coração."

Epilogo

TUDO QUE EU SEI É QUE...

Eu não conseguia parar de usar cocaína. Agora, por causa de Jesus, nunca mais consumirei cocaína.

...Eu fui viciado em nicotina por 30 anos. Agora não tenho vontade de fumar cigarros.

...Eu costumava beber incontrolavelmente. Agora a única cerveja que vou beber é *root beer* (um refrigerante típico americano).

...Nunca louvei a Deus, especialmente em público. Agora eu O louvo em todos os lugares – em público e em particular!

...Eu costumava adorar Satanás através da música que ouvia. Agora eu adoro apenas Jesus! Como um dos filhos de Deus, isso continuará para sempre!

...Eu conversava com todos que conhecia sobre tudo, menos Jesus. Agora Jesus é tudo o que falo!

...Eu costumava gastar todo o meu tempo, energia, esforço e dinheiro em coisas ruins. Agora sou um bom administrador do dinheiro de Deus.

...Fui chamado de coisas muito ruins naquela época. Agora sou chamado de pregador, pastor e um verdadeiro homem de Deus.

...Eu costumava ser despejado de complexos de apartamentos. Agora me pedem para ficar mesmo depois do término do aluguel.

...Minhas contas estavam atrasadas direto. Agora eles são sempre pagos em dia.

...Eu não consegui uma conta bancária naquela época devido aos meus caminhos tortuosos. Agora tenho várias contas. Pode haver muito pouco dinheiro nelas, mas pelo menos eu os tenho.

...Nunca me ofereceram cartões de crédito no passado. Agora recebo ofertas o tempo todo. Eu recuso a maioria.

...Muitas pessoas me disseram que eu não era confiável. Agora tenho a confiança de muitos.

...Eu ficava boquiaberto constantemente com revistas pornográficas. Agora leio a Bíblia diariamente.

...Eu ia a bares e clubes de strip para me satisfazer. Agora só vou à igreja para me satisfazer.

...Gastei muito dinheiro em saquinhos plásticos cheios de pó branco. Agora eu os encho com sanduíches.

...Eu costumava dirigir centenas de quilômetros completamente chapado. Agora dirijo centenas de quilômetros alimentando os sem-teto e testemunhando a eles em muitas cidades.

...Eu costumava sair com os perus. Agora eu vôo com as águias! ...Eu já fui cego e agora vejo!

...Tive quatro ataques induzidos pela cocaína, antes de Jesus quebrar aquela corrente. Não tive nenhum desde então...

...Houve um tempo em que eu nunca conseguia ficar limpo um dia, mas isso foi há muito tempo...

...Eu mereço 0% do louvor e Jesus recebe 100% de todo o Louvor, Honra e Glória!

...Posso dizer sinceramente que estou livre da cocaína e da nicotina há mais de uma década. Jesus quebrou essas correntes! Mais importante ainda, Deus salvou minha alma da destruição total, enviando Seu Filho unigênito para morrer em meu lugar.

Como eu poderia não louvar a Deus com tudo o que há em mim? Obrigado pai! Obrigado, JESUS! Obrigado, ESPÍRITO SANTO!

Embora eu ainda seja um trabalho em andamento e admita que tenho um longo caminho a percorrer - chegarei ao ponto de dizer que às vezes ainda sou meu pior inimigo - de acordo com Coríntios 5:17, que afirma: "Portanto, se alguém está em Cristo, é nova criatura. O velho já passou; eis que chegou o novo", sou uma nova criação.

    Você é? Minha oração é que você seja...

    Para obter informações sobre futuras palestras ou descontos para grandes quantidades, acesse www.jesuslovesyoulovehimback.org ou ligue para +1 407-487-0726. Se você se sentir com vontade de encomendar exemplares para aqueles que não podem pagar, incluindo aqueles que estão na prisão, eu pessoalmente cuidarei para que elas sejam entregues a eles. Você pode até incluir uma mensagem pessoal, se quiser.

    Obrigado e que Deus o abençoe antecipadamente.

    Publicamos atualizações diárias em nossa página do *Facebook*, www.facebook.com/lovehimback.

    Cada livro vendido abençoará três moradores de rua ou qualquer outra pessoa que precise de uma refeição nutritiva.

    Não deixe de ler O Visitante Não Anunciado no Natal, que ganhou o Premio de Editoras Internacionais (IPA) de 2016 e vencedor do Favorito dos Leitores - Premio Medalha de Ouro de 2018 na ficção cristã.

A história foi escrita por meu irmão gêmeo, Patrick Higgins. Foi inspirado em Hebreus 13:2: "Não se esqueçam de mostrar hospitalidade aos estranhos, pois ao fazê-lo algumas pessoas mostraram hospitalidade aos anjos sem saber."

Ele reuniu inspiração para seu livro enquanto doava seu tempo conosco. Ele usou esse ministério como pano de fundo para sua história. Só agora esta história poderosa lembrará a cada leitor qual é o verdadeiro significado do Natal, vai mexer com sua alma como nunca antes!

Meu irmão também escreveu a premiada série profética do fim dos tempos, "Caos no Piscar do Olho". Até o momento, mais de 12.000 AVALIAÇÕES POSITIVAS - RESENHAS foram publicadas na Amazon, *Goodreads*, *Barnes & Nobles* e *Book Bub*, nos primeiros 8 volumes e assim vai...

Ele também escreveu "Eu Nunca Te Conheci", vencedor da medalha de ouro favorita dos leitores de 2021 em ficção cristã, vencedor do livro do ano da Rede de Autores Independentes (IAN) em ficção cristã, finalista do Premio dos Melhores Livros Americanos de 2022 em ficção cristã e Finalista em 2021 do Premio de Livros Internacionais em Ficção Cristã, e "As Arvores dos Pelicanos" e "Café em Manila".

TESTEMUNHOS

A verdadeira história de Michael Higgins foi uma inspiração em minha vida. Conhecer Michael e me envolver com o ministério tiveram efeitos duradouros em minha vida, sendo um praticante da Palavra de Deus. A transformação neste livro é evidente pelas ações de mudança de vida do autor! Este livro é uma leitura obrigatória para quem procura " mais na vida…"
   Kevin Atchoo – Corretor de Imóveis/ Irmão em Cristo

Conheço Michael há 5 anos e somente o poder do Evangelho pode mudar um coração como Michael demonstra agora enquanto vive para o Senhor. Tudo sobre JESUS TE AMA, AME-O DE VOLTA é sobre o Evangelho e honrar a Deus em nome de Jesus.
   Um Irmão em Cristo - Jeff Bradshaw

Michael Higgins é um homem que nunca superou sua salvação e tudo o que Jesus Cristo fez por ele. A dívida de gratidão, o fogo em seu coração e o amor de Cristo compelem-o a compartilhar o amor de Cristo com os desamparados, desesperados e feridos. Deus está usando este homem para o seu reino. Sua vida revela e mostra como Deus pode tirar um homem da sarjeta e levá-lo ao extremo!
   Dr. David Hook - Treinamento Evangelista Internacional

Sou líder de ministério há cerca de 20 anos no *Celebrate Recovery* e conheci Michael Higgins pela primeira vez em 2009, no saguão de nossa igreja. Fiquei impressionado com seu testemunho e com a paixão que o Senhor lhe deu pelos mais necessitados. Eu sabia que outras pessoas em recuperação precisavam ouvir a história de Michael para lhes dar esperança, então convidei-o para o CR. Desde então, nos tornamos melhores amigos, diáconos e colaboradores de Jesus Cristo ministrando aos presidiários. O Senhor redimiu Miguel para o Seu propósito. Michael atendeu ao chamado do Senhor para começar Jesus te Ama, Ame-o de volta e nunca olhou para trás! Embora meu trabalho agora me mantenha fora da cidade a maior parte do tempo, continuo apoiando o ministério.

Jeff Parker
Antigo Membro do Conselho,
Diácono, Primeira Igreja Batista de Orlando
Líder do Celebrar a Recuperação Interior

No início de nossa caminhada seguindo a Cristo, o Senhor colocou Michael Higgins e seu ministério em nossas vidas, e seremos eternamente gratos. Estamos com o ministério Jesus te ama, ama-o de volta há mais de 6 anos e tem sido tão maravilhoso ver em primeira mão como Deus está trabalhando através de Michael e seu ministério. Tami e eu abrimos os olhos para servir "aos mais necessitados" em nossa comunidade. Seremos eternamente gratos por Michael e por todos os maravilhosos seguidores de Cristo que conhecemos ao longo dos anos servindo juntos.

Também estamos gratos por ter visto muitas pessoas necessitadas alimentadas não apenas com comida, mas também com a palavra de Deus. Oramos para que aqueles que estão lendo este livro sintam o Espírito Santo ao lerem sobre como Deus agiu na vida de Michael. Oramos para que você seja estimulado a estender a mão aos necessitados e demonstrar amor por eles. Você definitivamente será ricamente recompensado.

Brian & Tami Sanders

Queremos agradecer a você Michael Higgins pelo exemplo que você deu ao seguir Jesus de forma apaixonada e completa. Desde que começamos a servir no Jesus te ama, ama-o de volta, fomos impactados pelo ministério para servir aos mais necessitados, aqui mesmo na cidade de Orlando. Cada serviço é uma oportunidade de mostrar o amor em ação para aqueles que precisam desesperadamente de Jesus. O seu compromisso, entusiasmo e energia para servir aos outros, suprindo as suas necessidades físicas através de uma refeição e as suas necessidades espirituais através da partilha do Evangelho, tem sido uma inspiração para continuarmos a correr o percurso que Deus colocou diante de nós. Estamos honrados em servir com você. Você é um verdadeiro testemunho do amor implacável de Deus. Ele nunca desiste de nós e nós nunca desistiremos dele.

Mauricio & Jennifer Campos
Ministério Amor em Ação (Mateus 25:35-45)

Deus realmente abençoou o ministério Jesus te Ama, Ame-o de volta. Deus permitiu-me estar ao lado de Michael Higgins para amar e servir os moradores de rua em toda a Florida e nos EUA. Tem sido bom ver a obra de Deus tocar e salvar almas para a Sua Glória, bem como um exemplo de serviço de humildade. Sou grato ao Deus vivo e verdadeiro por me permitir servir em ministério que tem solo bom.

Gilbert Montez - Irmão em Cristo

Conheço e apoiei Michael e a organização Jesus te Ama, Ame-o de volta durante cerca de 3 anos. Nunca testemunhei ninguém com mais paixão e energia por nosso Senhor e Salvador do que Michael Higgins. Ele é incansável em seus esforços para servir os sem-teto, não importa onde esteja e a qualquer momento. Considero-o um querido irmão em Cristo e apoiarei a organização enquanto precisarem da minha ajuda.

Stephen Rocca
Serviços Técnicos de Colaboração LTDA
Consultor, Faculdade Valencia

Conselho Consultivo do Exercito da Salvação

Nunca antes encontrei um homem mais apaixonado do que Michael Higgins pelo amor de Jesus. É pura alegria vê-lo se dedicar ao ministério Jesus te Ama, Ame-o de volta. Ele é incansável na busca da ovelha perdida entre nós. Eu recomendaria a leitura de seu novo livro e, mais importante, passar algum tempo com ele. Sua perspectiva, amor pelas pessoas e amor por Jesus irão te mudar para melhor.

Kenny Majors

www.ingramcontent.com/pod-product-compliance
Lightning Source LLC
LaVergne TN
LVHW051832080426
835512LV00018B/2836